ANALYSEN UND REFLEXIONEN

Band 59

Ingeborg Scholz

Gottfried Benn
Lyrik und Prosa

Interpretationen und
unterrichtspraktische Hinweise

Joachim Beyer Verlag – 8607 Hollfeld

ISBN 3-88805-031-6

Satz: Setzerei Schadel, Bamberg
Druck: Beyer-Druck, Eiergasse 13, Hollfeld

Inhalt

Vorbemerkung zu Textauswahl, Gliederung und Methode

Im Rahmen der vorliegenden Arbeit muß auf Vollständigkeit der Werkbetrachtung Gottfried Benns verzichtet werden. Was möglich ist, sind Orientierungen zur Person und Dichtung, die durch eine exemplarische Auswahl von Texten in Verbindung mit Kommentar und Analyse gewonnen werden können. –

Es steht außer Frage, daß Benns eigentliche und entscheidende Leistung in der Lyrik liegt; in ihr hat er seine Vorstellung von der „absoluten Form" am reinsten verwirklicht. Dennoch ist seine Prosa, sosehr sie auch weitgehend Manifestation ästhetischer Prinzipien und Darstellung von Erkenntnisakten ist, im letzten als künstlerische Gestaltung gemeint, wenn auch die Priorität des Gedichts für ihn immer außer Frage stand. Er hat den Zusammenhang zwischen seiner Lyrik und seiner Prosa einmal folgendermaßen zum Ausdruck gebracht: „Für mich war das Schreiben der Aufsätze vielfach nur eine Art von Erprobung auf Produktivität und eine Prüfung von Konstellationen, Lagen, Zusammenfindungen, von denen aus sich wieder zum Gedicht vordringen ließ, es war also eine Art von Materialbeschaffung für die Lyrik, die immer mein eigentliches Anliegen war."[1)] Das bezieht sich vordringlich auf die großen programmatischen Essays, die Benns artistische und weltanschauliche Positionen umschreiben. –

Dafür sind für uns die Schwerpunkte gesetzt und die Grenzen abgesteckt, nach denen wir – im Einverständnis mit dem Dichter gewissermaßen – sein Werk betrachten. Wir haben die Lyrik in den Vordergrund gestellt und den Einzelinterpretationen den Essay "Probleme der Lyrik" als artistisches Manifest vorangestellt. In der Auswahl der Prosastücke wurde der fiktiven Prosa Vorrang gegeben; neben den "Rönnenovellen", in denen sich bereits viele Gedanken und Vorstellungen ankündigen, die Benns Werk bis zum Ende bestimmt haben, sind es

---

1) G. Benn, Dichter über ihre Dichtungen. Heimeran/Limes, 1951, S. 192.

vor allem auch die kürzeren Prosastücke wie "Carlton" und "Edith Cavell", die hier zu Wort kommen. Es folgen der berühmte Rundfunkdialog "Können Dichter die Wahrheit ändern?" und der Essay "Pallas", die beide Benns artistisches Glaubensbekenntnis enthalten.

In der Methode wird ein Nebeneinander von zusammenfassendem Überblick und Einzelinterpretationen praktiziert. Ein solches Verfahren gewährleistet Einblick in die Zusammenhänge des Gesamtwerks, vermeidet aber zugleich die Gefahr, über den allgemeinen theoretischen Erörterungen das einzelne Werk aus den Augen zu verlieren. Indem so die unmittelbare Nähe zum Text bewahrt bleibt, kann es leichter gelingen, eine Motivation zur tieferen Erkenntnis des Autors zu gewinnen. Dies zu erreichen, ist Absicht und Zielsetzung der vorliegenden Arbeit.

Zeittafel

1886	Am 2. Mai als Sohn des Pastors Gustav Benn und seiner Frau Caroline, geb. Jequier, in dem Dorfe Mansfeld, Westpriegnitz, geboren. Aufgewachsen in Sellin in der Neumark.
1896-1903	Besuch des humanistischen Friedrich-Gymnasiums in Frankfurt a.d. Oder, wo er im Alter von siebzehn Jahren das Abitur machte.
1903-1904	Studium (Theologie und Philologie) in Marburg
1904-1905	Studium (Theologie und Philologie) in Berlin
1905-1910	Studium (Medizin) an der Kaiser-Wilhelm-Akademie für das militärische Bildungswesen in Berlin
1910	Staatsexamen. Benn erhält 1. Preis der medizinischen Fakultät für das militärische Bildungswesen in Berlin für eine Arbeit über "Ätiologie der Pubertätsepilepsie"
1911-1912	Dienst als Militärarzt im Infanterieregiment 64. Ausscheiden aus dem Militärdienst aus gesundheitlichen Gründen.
1912	Promotion und Approbation als Arzt. Arbeitet als Pathologe und Serologe im Krankenhaus Charlottenburg. Veröffentlicht seine erste Gedichtsammlung "Morgue und andere Gedichte" im Verlag A. R. Meyer. Freundschaft mit der Lyrikerin Else Lasker-Schüler. Anschluß an den Kreis expressionistischer Dichter in Berlin.
1913	Veröffentlichung seiner zweiten Gedichtsammlung "Söhne. Neue Gedichte".
1914	März bis Juni Reisen als Schiffsarzt nach New York. Rücktritt als Hapag-Schiffsarzt. Heirat mit Edith Osterloh.
1914-1917	Benn als Sanitätsarzt im Kriegsdienst in Brüssel. Freundschaft mit Carl und Thea Sternheim. 1915 Geburt der Tochter Nele. 1916 Die Rönne-Novellen "Gehirne" (einzeln erschienen in der Zeitschrift

"Weiße Blätter") werden bei Kurt Wolff in einem Band veröffentlicht. 1917 Veröffentlichung der gesammelten Gedichte unter dem Titel "Fleisch" im Verlag der "Aktion". Im Herbst 1917 Niederlassung als Facharzt für Haut- und Geschlechtskrankheiten mit Praxis in Berlin, Belle-Alliance-Straße 12 (bis 1935).

1918-1920	Veröffentlichungen von novellistischen, essayistischen und dramatischen Schriften, u.a. "Diesterweg", "Das moderne Ich", "Der Vermessungsdirigent".
1922	Erscheinen der "Gesammelten Schriften" bei Erich Reiß, Berlin. 19. November Tod seiner Frau.
1924-1925	Veröffentlichung seiner Gedichtsammlungen "Schutt", "Betäubung", "Spaltung" im Verlag A. R. Meyer. Freundschaft mit dem Verleger Erich Reiß, Tilly Wedekind, Heinz Ullstein u.a. –
1927	Veröffentlichung der "Gesammelten Gedichte"
1928	Benn wird Mitglied des Berliner Pen-Clubs.
1931	21. November Uraufführung des Oratoriums "Das Unaufhörliche", Musik von Paul Hindemith nach Texten von Gottfried Benn.
1932	Wahl in die Preußische Akademie der Künste.
1935	Aufgabe der eigenen Praxis in der Alliance-Straße. Reaktivierung als Sanitätsoffizier und Dienstbeginn in der Wehrersatz-Inspektion Hannover. Veröffentlichung der "Ausgewählten Gedichte". Nach anfänglicher Sympathie für die Bewegung des Nationalsozialismus geriet Benn sehr bald auf die schwarze Liste der neuen Machthaber: Ausschluß aus dem NS-Ärztebund, Angriffe gegen ihn in der NS-Zeitschrift "Das schwarze Korps" und im "Völkischen Beobachter". Seitdem (bis 1948) keine Veröffentlichungen mehr.
1937	Juli Versetzung nach Berlin. Benn übernimmt dort als Sanitätsoffizier einen neuen Aufgabenbereich.

Wohnung bis zu seinem Tod in der Bozener Straße 20.

1938 Ausschluß aus der Reichsschrifttumskammer und Schreibverbot. Am 22. Januar Heirat mit Herta von Wedemeyer.

1943-1945 Nach Verlagerung seiner Dienststelle als Sanitätsoffizier in Landsberg an der Warthe.

1945 Rückkehr nach Berlin. – Selbstmord Herta Benns beim Einmarsch der Russen in Neuhaus a.d. Elbe.

1946 18. Dez. Heirat mit der Zahnärztin Dr. Ilse Kaul.

1948 Erscheinen der "Statischen Gedichte" in dem Schweizer Verlag Die Arche, Zürich.

1949 Lizenzausgabe der "Statischen Gedichte" im Limes Verlag (Max Niedermayer), Wiesbaden, in dem in den folgenden Jahren alle weiteren Werke Benns veröffentlicht wurden.

1951 Vortrag in Marburg "Probleme der Lyrik" am 21. August. – Oktober Verleihung des Georg-Büchner-Preises von der Deutschen Akademie für Sprache und Dichtung in Darmstadt.

1956 Am 2. Mai Feier des siebzigsten Geburtstags / Offizielle Feier des Berliner Senats in der Amerika-Gedenkbibliothek.
Tod Gottfried Benns am 7. Juli in Berlin.

Notizen zur Wirkungsgeschichte

Gottfried Benn in eigener Sache: ”Berliner Brief” (1948)

Als Gottfried Benn 1886 geboren wurde, brach die Menschheit zu neuen technisch-wissenschaftlichen Ufern auf. Fortschrittsdenken, ein Erbe der Aufklärung, erfüllte die zivilisierte Menschheit. Nicht nur Amerika erwies sich als ein Land unbegrenzter Möglichkeiten, auch Europa fühlte die Herausforderung einer neuen Zeit, was die Zukunft der Menschheit betraf. –

Heute, am Ausgang unseres Jahrhunderts, sind die Entwicklungen, die sich damals angebahnt hatten, überschaubarer geworden; die Desillusionen, Enttäuschungen und Irrtümer sind nicht ausgeblieben. Und gerade vom Ende dieses Jahrhunderts her erweist sich ein Dichter wie Gottfried Benn, dessen Wirkung zu Lebzeiten im großen und ganzen begrenzt war, als eine Art Schlüsselfigur. Von wenigen bewundert, von manchen abgelehnt, ja gehaßt und von vielen kaum oder gar nicht gekannt, war er es immerhin, von dem man sagen konnte, daß er als erster „die Sprache unseres Jahrhunderts schrieb“[2]. Als der sechsundzwanzigjährige Dr. med. Gottfried Benn 1912 seine Gedichtsammlung ”Morgue” veröffentlichte, sprach man von einem Schicksalsjahr der deutschen Literatur. Dieser Gedichtzyklus mit Themen aus dem Leichenschauhaus und dem Seziersaal – von dem Verleger Alfred Richard Meyer als ”Lyrisches Flugblatt” gedruckt – löste eine Explosion aus. Entrüstung und Empörung überwogen; nur wenige Zeitgenossen – darunter vor allem der Expressionist Ernst Stadler – erkannten damals, daß hier eine neue Ära der Literaturgeschichte ihren Anfang genommen hatte. Aber gerade die vorwiegend abwertende Kritik diente in jener Zeit einer vorübergehenden Popularität und begünstigte Benns Bekanntwerden. Damals trat er in enge Beziehung zu der Lyrikerin Else

---

[2] vgl.Walter Jens: Sektion und Vogelflug. In: Statt einer Literaturgeschichte, Pfullingen 1957, S. 140.

Lasker-Schüler und fand auch sehr bald Anschluß an die neue literarische Bewegung des Expressionismus. Er veröffentlichte in den Zeitschriften "Sturm", "Weiße Blätter" und "Aktion". Obwohl die Berliner Regierung 1916 die Konfiszierung der "Morgue" anordnete, hatte Benn in den zwanziger Jahren seinen ersten kurzen Ruhm, dem der Geruch des Skandaleusen anhaftete. Während der Kriegszeit als Militärarzt eingezogen, veröffentlichte er die sogenannten "Rönne-Novellen", eine Prosa, wie sie vor ihm in Deutschland nicht geschrieben worden war. Aber sein sogenannter "erster Ruhm", von dem o. die Rede war, blieb im wesentlichen auf Berlin bezogen, auf die Stadt, die sein Lebensraum war und der er Zeit seines Lebens treu geblieben ist. Er lebte dort zurückgezogen in seiner Praxis in der Belle-Alliance-Straße, – politisch abstinent in jener wilden Berliner Nachkriegszeit der Aufstände und Krawalle, der Inflation und Arbeitslosigkeit. Seine "Gesammelten Gedichte" (1927) erscheinen; 1932 wird das "Unaufhörliche" (Text von Benn, Musik von Hindemith) in Berlin uraufgeführt, – ein nicht sonderlicher Erfolg für Benns Texte. Dieser Dichter ist immer von der Intelligenz für sich in Anspruch genommen worden; er faszinierte jene wenigen, für die sein Wort die artistische Offenbarung war. Umso erstaunlicher für den Betrachter seines Lebens und Schaffens erscheint die kurze Spanne 1933-34, in der er seine Sympathie für das totalitäre System der Nationalsozialisten bekundete, – ein System, das er in seinen Anfängen verkannte und ästhetisch überhöhte. Sicher ist, daß die faschistische Jugend seine Sprache kaum verstanden hat. Sehr bald folgte dann auch die Ernüchterung bei dem Dichter selbst, es folgten Verunglimpfung, Boykott und Schreibverbot von seiten der Machthaber des Dritten Reiches. Aber das alles rettete ihn nicht davor, nach 1945 von den Alliierten mit Hilfe der Deutschen selbst wiederum auf die schwarze Liste der unliebsamen und verbotenen Dichter gesetzt zu werden. Niemand hat diesen Sachverhalt in seiner ganzen Absurdität überzeugender dargestellt als Benn selbst in seinem sogenannten "Berliner Brief" (1948). Nachdem er keinen deutschen Verleger für seine inzwischen entstandenen "Statischen Gedichte" gefunden hatte, unternahm es der Schweizer Verleger Schifferli, sie in seinem Verlag "Die Arche" in Zürich zu veröffentlichen. Als in der gleichen Zeit der Herausgeber der renommierten Literaturzeitschrift "Merkur" Benn um einen Beitrag bat, schrieb dieser jenen berühmten "Berliner Brief", in dem er dem Verleger und damit gleichzeitig der deutschen Öffentlichkeit seine innere und äußere Lage auf eine ebenso deutliche wie für ihn bezeichnende Weise mitteilte. Darin heißt es nach einem höflichen Dank für die Aufforderung folgendermaßen: „Zu Ihrem Anheimstellen eines Beitrages von mir für den Merkur erlaube ich mir folgendes zu bemerken: Ich bin in der besonderen Lage, seit 1936 verboten und aus der Literatur ausgeschlossen zu sein und auch heute weiter unverändert auf der Liste der unerwünschten Autoren zu stehen. Ich kann mich daher nicht entschließen, mit einem beliebigen Beitrag nach so langer Zeit wieder in der Öffentlichkeit zu erscheinen, der vielleicht in den Rahmen einer festgefügten Zeitschrift und in den Geschmack eines innerhalb bestimmter geistiger Grenzen lizenzierten Herausgebers passen könnte. ...

Denn ich habe in den zurückliegenden Jahren einige neue Bücher geschrieben, die mich selbst zu erweiterten Erfahrungen gebracht haben, die aber im deutschen Literatur- und Kulturbereich nicht gefällig wirken würden. Es trifft sich daher gut, daß ein Gedichtband von mir noch in diesem Sommer in einem Schweizer Verlag erscheint und die – wahrscheinlich eindrucksvolleren – Prosaarbeiten vielleicht auch, also an einem neutralen Ort, entrückt den momentanen deutschen Verwirrungen. Damit Sie nicht auf falsche Gedanken kommen, füge ich hinzu, daß mein Fragebogen, den Sie in großzügiger Weise erwähnen, in Ordnung ist, wie zahllose Recherchen und Nachprüfungen innerhalb meiner ärztlichen Sparte ergeben haben, ich gehöre weder der Partei an, noch einer ihrer Gliederungen, ich falle nicht unter das Gesetz, – umso schwerwiegender wird dadurch die Argumentation der Kreise, die mich nicht wieder in der Literatur zulassen wollen.

Ich weiß nicht, wer zu diesen Kreisen gehört, und ich habe keinen Schritt unternommen, um mit ihnen in Berührung zu kommen. Der Ruhm hat keine weißen Flügel, sagt Balzac; aber wenn man wie ich die letzten fünfzehn Jahre lang von den Nazis als Schwein, von den Kommunisten als Trottel, von den Demokraten als geistig Prostituierter, von den Emigranten als Renegat, von den Religiösen als pathologischer Nihilist bezeichnet wird, ist man nicht so scharf darauf, wieder in diese Öffentlichkeit einzudringen."[3] Im weiteren äußert Benn Gedanken, die in der damaligen Zeit wie auch heute wenig Popularität erwarten konnten und können: er spricht von der „Demokratie, als Staatsprinzip das Beste, aber zum Produktiven gewendet absurd!", – eine Feststellung, mit der er sich im Einvernehmen mit seinem berühmten Vorgänger Heine befindet, der auch die Demokratie als ein Feld betrachtet hat, auf dem "die Blume der Poesie" nicht gedeihen kann. Benn sagt ergänzend: „Ausdruck entsteht nicht durch Plenarbeschlüsse, sondern im Gegenteil durch Sichabsetzen von Abstimmungsergebnissen, er entsteht durch Gewaltakt in Isolation."[4] Neben dieser kritischen Betrachtung der politischen Begriffe, wie sie von einer gewissen Art Intelligenz der Clubs und Tagungen als die primären schlechthin angesehen werden, fällt in diesem Brief auch ein spöttisches Licht auf das sogenannte "Humanitäre", ein Begriff, den die Öffentlichkeit geradezu mit numinosem Charakter umkleidet, – natürlich man soll human sein, – aber es gab hohe Kulturen, ... die diesen Begriff überhaupt nicht realisierten, ...". Hier finden sich ähnliche Thesen, wie sie bereits in dem Rundfunkdialog "Können Dichter die Welt ändern?" 1932 von Benn geäußert wurden; er bestätigt noch einmal seine Überzeugung von dem Sekundärcharakter des Humanen im Bereich der Kunst. Wer im Zeitalter der Demokratie und des Sozialismus eine so absolute Position bezieht, kann nicht auf ein allgemeines Verständnis hoffen. In Einsicht in diesen Tatbestand bekennt sich Benn – wie er es dann später in einem anderen Brief an den Schriftsteller Lernet-Holenia (1952) getan hat – zu einem bewußten Allein-

---

[3] Ges. Werke in 8 Bänden, Hrsg. v. D. Wellershoff, 1968, Bd. 7, S. 1736-1741.

[4] ebd., S. 1738

gang, wenn er sagt: „Gegen diese Öffentlichkeit meine eigenen tragischen Gedanken haben, ist nicht mein Beruf. Ich trage meine Gedanken alleine; zu ihrem Gesetz gehört, daß einer, der seine eigene innere Grenze überschreitet und ins Allgemeine möchte, unberufen, unexistentiell und peripher vor dieser Stunde erscheint. Ich trage auch die Einwände gegen sie alleine: Ästhetizismus, Isolationismus, Esoterismus – „der Kranichzug der Geistigen über dem Volk" – in der Tat für diesen Vogelzug bin ich spezialisierter Ornithologe, für diesen Zug, der niemand verletzt, zu dem jeder aufblicken kann, nachblicken kann und ihm seine Träume übergeben." –[5)]

Und dann ist das Erstaunliche eingetreten, daß die Generation, die Anfang der 50er Jahre jung war, der Faszination dieses Autors erlag: Benn wurde Mode. Seine Verse, ein Gemisch von Zynismus und Tristesse, waren – um es salopp auszudrücken – der Intellektuellenschlager der 50er Jahre. Das Leseinteresse an seinem Werk wuchs, seine Gedichte und auch Prosatexte erschienen in Lesebüchern und Anthologien, die öffentlichen Ehrungen häuften sich. 1951 erhielt er den Georg-Büchner-Preis, den renommiertesten Literaturpreis, den Deutschland zu vergeben hatte. Die positive Reaktion in der Bundesrepublik fand ihren Widerhall auch im Ausland, besonders in Amerika.

Das nahm ein Ende, als am Schluß der sechziger Jahre eine neue Studentengeneration ihren Einzug in die Universitäten hielt, – eine Studentenbewegung, bei der einsame artistische Räusche nicht mehr gefragt waren und Benn als verantwortungsvoller Ausdrucksartist abgelehnt wurde. Er verschwand allmählich aus den Anthologien und Lesebüchern und geriet – außerhalb der rein literaturwissenschaftlichen Szene – nahezu in Vergessenheit. Wie konnte auch ein Autor, der die These von der "absoluten" Kunst vertrat, in einer Epoche gehört werden, die von der gesellschaftskritischen Dichtungsbetrachtung Bert Brechts geprägt wurde! –

[5)] ebd., S. 1738

Sein Jubiläumsjahr 1986 – 100. Geburtstag und 30. Todestag – lenkte die Aufmerksamkeit der Öffentlichkeit für einen spektakulären Augenblick auf Benns Leben und Werk, das in Zeitschriften, Tageszeitungen und Medien ausführlich besprochen wurde. Solche Jubiläen, so nützlich sie auch im Hinblick auf das Kennenlernen eines Autors sein mögen, bergen gewisse Gefahren: neben forcierten Aktualitätstendenzen mit der abgebrauchten Formulierung „Was kann uns der Autor heute noch sagen?" begegnen vor allem auch Bestrebungen, sich selbst zu profilieren, indem man – wie im gegebenen Fall zum Beispiel – einen "umstrittenen Autor" mit der anmaßenden Kritik des Zurückblickenden entweder angreift oder verteidigt, wobei letzteres noch peinlicher wirken kann. Das führte dazu, daß die Jubiläumsbesprechungen von Benns Leben und Werk sich meistens in gewissen Punkten so ähnlich waren. In dem Nachwort einer Auswahl von Benn-Gedichten im Diogenes Verlag Zürich 1973 steht ein provokantes Wort, das darauf hinweist, wie häufig ein Autor auf einen gewissen Sachverhalt festgelegt und damit abgestempelt wird: „Kant – 'kategorischer Imperativ'; Nietzsche – 'Gehst du zum Weibe'; Benn – der mit den Nazis. So einfach geht das. Sowenig es genügt, Gesinnung vorzuweisen, genügt es, unter Berufung auf Gesinnung ein Werk zu diffamieren." (Gerd Haffmanns)

Dennoch haben diese Nachruhmfeiern auch ihre Vorteile: neben der Erinnerung an ein sonst vielleicht vergessenes oder wenig beachtetes Werk regen sie die Verlage zu neuen Editionen an. Pünklich zum Jubiläum trat z.B. der Verlag Klett-Cotta mit der sogenannten Stuttgarter Ausgabe der "Sämtlichen Werke" G. Benns auf den Plan; bereits die Bände 1 und 2 der Gedichte der auf fünf Bände disponierten Edition liegen vor. Parallel zur Werkausgabe hat das Deutsche Literaturarchiv in Marbach bis zum Herbst 1986 eine Dokumentation präsentiert, die gründliche Einsichten in Leben und Werk des Dichters vermittelt.

Benns kunsttheoretische Ansichten: "Probleme der Lyrik" (1951)

Am 2. Mai 1951 feierte Benn seinen 65. Geburtstag bei seinem Verleger Max Niedermeyer; am 21. August desselben Jahres hielt er auf Einladung des Rektors der Universität Marburg vor dem internationalen Ferienkurs den Vortrag "Probleme der Lyrik", in dem er seine kunsttheoretischen Ansichten zusammenfaßte und zugleich sich in den Rahmen der internationalen literarischen Strömungen der Moderne einordnete. Der Vortrag erregte damals großes Aufsehen: man sprach von einem "Manifest der lyrischen Poesie"; nur wenige Kritiker widersprachen den hier geäußerten Thesen, daß Kunstausübung sich durchaus als autonom zu verstehen habe. Wenn auch heute dieser Anschauung von der "poésie pure" weitgehend die Einsicht entgegensteht, daß Kunst sich niemals vom historischen und gesellschaftlichen Grund ablösen könne, so ist evident, daß dieser Vortrag für die lyrische Nachkriegsgeneration von Wilhelm Lehmann über Karl Krolow bis zum Kreis um Walter Höllerer eine Art von "ars poetica" gewesen ist, mit der sie sich auseinandergesetzt hat. Die eigentlich bedeutsame Reaktion kam aus dem Ausland von dem englischen Dichter T.S. Eliot, der Benns Thesen von der monologischen Kunst der Lyrik zustimmte, ihm jedoch im weiteren Bereich das Dialogische und Dramatische entgegenhielt. –

Benn hat in seinem Vortrag das Formproblem zentral gesehen. "Artistik" (hier des Oberflächlichen und Unverbindlichen entkleidet) ist der Versuch der Kunst, innerhalb des allgemeinen Verfalls der Inhalte sich selber als Inhalt zu erleben und aus diesem Erlebnis einen neuen Stil zu bilden, es ist der Versuch, gegen den allgemeinen Nihilismus der Werte eine neue Transzendenz zu setzen: die Transzendenz der schöpferischen Lust."[6] Konsequent ausgedrückt: Die Form ist mit dem Sein identisch. In diesem Formbegriff beruft sich Benn auf Nietzsche, in dem er vorwiegend den Verkünder einer neuen

---

[6] G. Benn, Ges. Werke in 8 Bänden, a.a.O., 4. Band, S. 1064

Kunstlehre sieht. Hillebrand weist mit Recht auf diese Tatsache hin, wenn er in seiner Untersuchung von Benns Beziehungen zu Nietzsche erklärt: „Benn hat die Hauptgedanken Nietzsches aus dem allgemeinen Horizont philosophischer Bedeutung herausgenommen und in den Rahmen seiner Poetologie gestellt.“[5] Wie in vielen seiner Schriften, so weiß sich Benn auch in den "Problemen der Lyrik" einig mit Nietzsche in der Auffassung der Kunst: beide sind fasziniert von dem "Fanatismus des Ausdrucks". Wenn Benn sagt: „Aber die Form ist ja das Gedicht“, so wiederholt er hier dem Sinne nach das Nietzsche-Wort (aus "Wille zur Macht"): „Man ist um den Preis Künstler, daß man das, was alle Nichtkünstler ‘Form‘ nennen, als Inhalt, als ‘die Sache selbst‘ empfindet.“ –

Benn beginnt seinen Vortrag mit einer Aufzählung allgemeiner Gesichtspunkte, ausgehend von der Feststellung: „Das neue Gedicht, die Lyrik, ist ein Kunstprodukt.“ Gedicht ist also nichts Gewordenes, sondern etwas Gemachtes, und die Herstellung des Gedichts ist ein Thema, das überall anklingt. Er sieht eine einschneidende Eigentümlichkeit des modernen lyrischen Ich in eben diesem Interesse am Prozeß des Schöpferischen selbst und betont die Gleichrangigkeit von Lyrik und Essay bei den modernen Dichtern. Im Anschluß daran gibt er einen Überblick über die Entwicklung der modernen Lyrik, deren Anfänge er in Frankreich aufzeigt. Es folgt ein Autorenkatalog von Mallarmé und Baudelaire bis zu der expressionistischen Lyrik der Avantgardisten. Wieweit in diesem literarischen Exkurs philologisch zuverlässig argumentiert bzw. kompilatorisch verfahren wird, indem Benn gewisse Thesen gelegentlich aus zweiter oder dritter Hand gewinnt – Reinhard Grimm hat das am Text mit Akribie nachgewiesen[6] – wird bedeutungslos gegenüber der Tatsache, daß dieser Essay vorrangig als Kunstwerk Bestand hat: daß seine brillante Formulierung und seine bestürzende Argumentation den phi-

---

[5] Bruno Hillebrand, Gottfried Benn und Friedrich Nietzsche. In: Gottfried Benn. Hrsg. von B. Hillebrand. Wissenschaftl. Buchgemeinschaft Darmstadt, 1979, S. 414

[6] R. Grimm, Die problematischen "Probleme der Lyrik", ebd. S. 206-239

lologischen Aspekt nicht gerade überflüssig macht, ihn jedoch in den Hintergrund treten läßt. –

Wesentlicher jedoch als dieser entwicklungsgeschichtliche Exkurs ist der Versuch einer Wesensbestimmung der modernen Lyrik, die den eigentlichen Hauptteil des Vortrags bildet. „Sein inneres Wesen mit Worten zu zerreißen, der Drang, sich auszudrücken, zu formulieren, zu blenden, zu funkeln auf jede Gefahr und ohne Rücksicht auf die Ergebnisse – das war eine neue Existenz."[7] Benn vergleicht das lyrische Ich mit einem Meereswesen des unteren zoologischen Systems, das mit seinen "Flimmerhaaren" etwas herantastet: nämlich Worte, die zu einer stilistischen Figur, zu einer Chiffre zusammenrinnen. Und immer wieder sind es Substantive, beladen mit jahrhundertealten Traditionen, aber auch mit Ausdrücken, die Bereiche betreffen, die früher der Lyrik entfernt waren: Wissenschaft, Technik, Sport, – wiedergegeben in einer Sprache des Fachjargons, der Slangausdrücke. Auch das Fremdwort wird in der lyrischen Moderne produktiv gemacht. Aber aus diesem Ich und seinem Sprachbestand entsteht das Wunder einer kleinen Strophe, entsteht das moderne Gedicht, das Gedicht ohne Glauben, ohne Hoffnung, das Gedicht an niemanden gerichtet, das Gedicht aus Worten, die Sie faszinierend montieren." Man kann dieser Bennschen Definition des modernen Gedichts zur Erklärung nichts hinzufügen; bleiben wir bei dem, was er und nur er so sagen kann: mit seinen funkelnden Satzkonzentraten und seinen geschliffenen Thesen, so sehr sie zum Widerspruch anregen könnten und auch angeregt haben.[9] Es gibt auch eine Rechtfertigung, die jenseits dieser Überlegungen liegt: es ist die Frage nach dem Artistischen schlechthin, die Heinrich Heine vor mehr als einem Jahrhundert gestellt hat: „Aber ist es nicht schön ausgedrückt?" –

[7] G. Benn, Ges. Werke in 8 Bänden, a.a.O., 4. Band, S 165

[8] ebd., S. 1088

[9] vgl. Klaus Gerth, Absolute Dichtung? In: G. Benn, hrsg. von Bruno Hillebrand, Wissenschaftl. Buchgemeinschft Darmstadt 1979, S. 240-260

Wechsel der Formen in Benns Lyrik von den expressionistischen Anfängen bis zum Spätwerk

In den Jahren 1910 bis 1912 trat Benn in Berlin in Verbindung mit einem Kreis von Schriftstellern, den man in der Literaturgeschichte mit der Bezeichnung "Expressionismus" umschreibt. Eine eindeutige Definition dieses Begriffes ist auch von der literarischen Forschung kaum zu erbringen. Man kennt Symptome und Thematik der sogenannten "Ausdruckskunst": kreative Freiheit im Umgang mit der Sprache, Montage, Subjektivität, gelegentlich eine pathetisch-erhabene Schreibart, gemischt mit Zynismen und Provokationen – alles in allem eine Bewegung mit einem revolutionärem Zug, der den Bruch mit der bisherigen Generation betont, was sich auch in der beim Expressionismus beliebten Vater-Sohn-Problematik widerspiegelt. Es bleibt aber für die literarische Forschung relativ ungewiß, ob man den Begriff "Expressionismus" „primär als Epochenbezeichnung oder als Stilbegriff aufzufassen hat und was die zentralen Merkmale expressionistischer Dichtungen sind“.[10] –

Was Benn selbst betrifft, so ist trotz seiner Beziehung zu dem Kreis der Expressionisten seine eigene Anwendung des Begriffes "expressionistisch" keineswegs eindeutig; auch für ihn ist er so vieldeutig, daß er schon deshalb ungenau bleiben muß. Was ein „expressionistisches Gedicht“ im Grunde ist, erscheint ihm ungewiß, und er beantwortet eine diesbezügliche Frage lakonisch: „Ich meinerseits weiß es nicht.“[11] Im Anschluß daran heißt es in dem Essay "Lyrik des expressionistischen Zeitalters": „Keineswegs einfacher wird die Frage nach dem Expressionismus, wenn man den einzelnen Lyriker betrachtet.“[12]

---

[10] vgl. Theo Meyer, Gottfried Benn und der Expressionismus. In: Wege der Forschung Bd. CCCXVI, 1979, S. 379-408

[11] Gottfried Benn, GW in 8 Bden, a.a.O., 7. Band, S. 1833

[12] ebd., S. 1837

Er selbst, so betont er in seiner Einleitung, werde die Bezeichnung "Expressionismus" unkritisch in dem seit vier Jahrzehnten geläufigen Sinn gebrauchen, und er weist gleichzeitig darauf hin, daß diese Stilbezeichnung in anderen Ländern nur andere Namen gehabt hat, z.B. Futurismus, Kubismus, später Surrealismus. Der Stil aber, der diesen Bezeichnungen ihren Inhalt gegeben habe, so fährt Benn fort, sei einheitlich in der inneren Grundhaltung der Wirklichkeitszertrümmerung, als rücksichtsloses An-die-Wurzel-der-Dinge-Gehen gewesen. Hier herrscht Übereinstimmung mit der in der Forschung bisher geläufigen Deutung der sogenannten "Ausdruckskunst": sie ist der Versuch der "Expressionistengeneration", die Selbstverwirklichung des Individuums auszutragen; er besagt die Auflösung der vordergründigen Wirklichkeit und damit das Erfassen einer tieferen, eigentlichen Realität. Diese grundsätzlichen literar-revolutionären Gedanken treten leitmotivisch bei Benn auf; ihr Sprachrohr sind die damaligen Zeitschriften "Die Aktion", "Der Sturm", "Die weißen Blätter", "Das Ziel", "Der Genius", in denen die expressionistischen Dichter veröffentlichten.

Als die expressionistische Dichtung im Jahre 1912 ihren ersten Höhepunkt erreicht hatte, vollzog sich in der dichterischen Entwicklung Gottfried Benns, von dem einige ganz frühe lyrische Beispiele die Nähe zum Jugendstil nicht verleugnen, ein entscheidender Wandel: Er bot einer schockierten Umwelt die Gedichtsammlung "Morgue und andere Gedichte" an, in der er sich in Thematik und Ausdrucksform auf radikale Weise von der bisherigen lyrischen Tradition löste und Motive aus dem Krankensaal und dem Leichenschauhaus in einem zynisch enthüllenden Fachjargon lyrisch verwertete. Radikaler als in der übrigen zeitgenössischen Lyrik wurden in diesem Zyklus von wenigen Gedichten, die als Flugblatt in limitierter Ausgabe erschienen, die Brücken zur Vergangenheit abgebrochen; mit einem Schlag betrat der bis dahin unbekannte Autor auf spektakuläre Weise die Literaturszene. Mit der ebenso kühnen wie präzisen Technik des Naturwissenschaftlers wird in den lyrischen Stücken "Kleine Aster", "Schöne Jugend", "Kreislauf", "Negerbraut", "Requiem",

"Saal der kreißenden Frauen", "Blinddarm", "Mann und Frau gehn durch die Krebsbaracke", "Nachtcafé" die makabre Umwelt von Leichenschauhaus und Hospital thematisiert. Besonders die berühmtesten Titel "Kleine Aster" und "Schöne Jugend" sind durch ihre kontrastierenden Überschriften darauf angelegt, die Erwartung des Lesers bewußt zu verstören. Die Provokation dieser Gedichte beruht vor allem auf Zerschlagung der traditionellen Vorstellung vom Menschen als der "Krone der Schöpfung", wie es Benn in seinem Vorwort zu "Frühe Lyrik und Dramen" (1952) zum Ausdruck gebracht hat: „laßt doch euer ewiges ideologisches Geschwätz, euer Gebarme um etwas 'Höheres', der Mensch ist kein höheres Wesen ..."[13] In den Gedichten der frühen expressionistischen Phase zeigt Benn den Menschen in seiner erbärmlichen Kreatürlichkeit und im körperlichen Zerfall; er sieht ihn als Opfer eines willkürlichen Geschehens. Aber die revolutionäre Bedeutung dieser Gedichte liegt nicht allein in dem hier dargestellten Menschenbild, sondern in der künstlerischen Methode, mit der diese Situation des Menschen aufgezeigt wird: durch die Zertrümmerung der bisherigen Kunstformen und der in der Sprache fixierten Vorstellungsbereiche wie auch durch die gewaltsame Zuordnung bisher unvereinbarer Begriffe bis zur völligen Absurdität. In der gewählten Sprachform der Morgue-Gedichte wird das Schöne mit dem Makabren, der Jargon mit dem Pathos bedenkenlos vermischt zum Zweck der Zertrümmerung einer abgenutzten, verbrauchten, leeren Sprachform, damit die Sprache wieder gewissermaßen auf neuem Feld die Aussage leisten kann, die dem lyrischen Ich der gegenwärtigen Stunde angemessen ist. –

Wie wichtig Benn selbst seine expressionistisch-radikalen Jugendwerke im Hinblick auf seine künstlerische Entwicklung genommen hat, beweist die Tatsache, daß er sie im "Lebensweg eines Intellektualisten" (1934) als notwendig und sinnvoll verteidigt hat.[14] –

Nur wenige haben in diesen frühen lyrischen Produktionen

---

[13] G. Benn, GW in 8 Bden, a.a.O. 7. Band, S. 1866

[14] Vgl. ebd., 8. Band, S. 1885-1934

deren Neuauflage 1916 von der Berliner Regierung untersagt wurde, mehr als eine unverbindliche Provokation gesehen. Erwähnenswert unter den positiven Stimmen ist hier die ausführliche Rezension des Expressionisten Ernst Stadler in den "Cahiers Alsaciens". Er spürt bereits unter dem aggressiven Ton und der Brutalität des Geschilderten nicht nur das Talent des Autors, sondern zugleich eine tiefere menschliche Betroffenheit: „Überall herrscht jene wie unbeteiligte Sachlichkeit, die nur Tatsächlichkeiten aufzureihen scheint, und doch, auch ohne die zuweilen ins Allgemeine überleitenden Schlußzeilen, schon durch die gleichsam lautlos mitschwingende Musik der inneren Erschütterung verrät, daß hinter dieser schroffen Zugeschlossenheit ein starkes mitleidendes Gefühl steht,eine fast weibliche Empfindsamkeit und eine verzweifelte Auflehnung gegen die Tragik des Lebens und die ungeheure Gefühllosigkeit der Natur."[15] Auch schon in diesen frühen Bildern vom Leichenschauhaus und Sektionsraum wird hinter allem Zynismus der Formulierungen die tragische Erfahrung von der Hinfälligkeit alles Kreatürlichen zutiefst erlitten und enthüllt, – eine Erfahrung, die Benn bis an das Ende seiner Tage in seiner Dichtung gestaltet hat. „Der Zynismus", so heißt es in einem instruktiven Aufsatz von Theo Meyer 'Gottfried Benn und der Expressionismus', „der aus radikaler Skepsis erwächst und den Leser in verletzender Absicht zu treffen sucht, ist dabei nicht destruktiver Selbstzweck, sondern zuletzt Ausdruck seines Leidens an der Wirklichkeit, ja am Leben schlechthin."[16]

So sehr diese Lyrik einerseits "Gehirnlyrik" und keine "Stimmungslyrik" ist, sondern Gebilde zeigt, die vom analytischen Bewußtsein bestimmt sind, so eignet ihr dennoch auch ein Element des Spontanen. Wie könnte man sonst die Sätze aus dem "Lebensweg eines Intellektualisten" (1934) verstehen, die an die Entstehung der "Morgue-Gedichte" erinnern: „Als ich die 'Morgue' schrieb, mit der ich begann und die später in so viele Sprachen übesetzt wurde, war es abends, ich wohnte im

---

15) Ernst Stadler, Dichtungen. Hrsg. von K. L. Schneider, Bd. II, S. 21 f. Hamburg 1955

16) Theo Meyer, Gottfried Benn und der Expressionismus. A.a.O., S. 389

Nordwesten von Berlin und hatte im Moabiter Krankenhaus einen Sektionskurs gehabt. Es war ein Zyklus von sechs Gedichten, die alle in der gleichen Stunde aufstiegen, sich heraufwarfen, da waren, vorher war nichts von ihnen da; als der Dämmerzustand endete, war ich leer, hungernd, taumelnd und stieg schwierig hervor aus dem großen Verfall.“ [17]

In den 1912 folgenden Gedichtzyklen "Morgue II" und "Finish" wie auch in dem 1914 veröffentlichten "Nachtcafé-Gedichten" finden sich die Provokationen und Zynismen des frühen Zyklus wieder; in der Gedichtsammlung "Söhne" (1913), in der der Ausdruck ins Visionäre gesteigert wird, erscheint das für die Expressionisten typische Vater-Sohn-Problem als häufiges Motiv. Expressionistische Aspekte sind auch in den Gedichten der zwanziger Jahre zu finden: Provokationen, übersteigerte Subjektivität und kreative Freiheit im Gebrauch der Sprache, wenn auch gegenüber den Anfängen ein stärkeres Formgefühl spürbar ist, z.B. in dem 1922 erschienenen Gedichtzyklus "Schutt". Hier findet sich ein neuer Gedichttypus, der bei Benn bis in die dreißiger Jahre häufig war: vier bis sechs achtzeilige Reimstrophen, denen man auch noch in seiner späteren Lyrik begegnet. Weitere Gedichtbände folgten: "Betäubung" (1925), "Spaltung" (1925). 1927 kamen Benns "Gesammelte Gedichte" heraus; der Band enthielt zusammengefaßt nahezu sämtliche Gedichte seit dem Jahre 1912. Im zweiten Teil der Sammlung findet sich eine Reihe formstrenger gereimter Gedichte, in denen der Problemkreis des Mythischen und Mediterranen thematisiert wird und die von einer skeptischen Geschichtsbetrachtung und Zivilisationskritik getragen sind. Den Abschluß dieser lyrischen Periode bildet der Text "Das Unaufhörliche", den Benn für Paul Hindemiths Oratorium 1931 geschrieben hatte. –
Ruhm und Wirkung der Nachkriegszeit leitet die Sammlung der "Statischen Gedichte" ein, die Benn noch kurz vor dem Zusammenbruch im Jahre 1945 seinem Freund Oelze nach Bremen senden konnte. Sie bilden den Höhepunkt von Benns lyrischer Produktion. An erster Stelle steht nun das Bekenntnis

---

[17] Gottfried Benn, GW Bd.8, S. 1911

zur strengen Form; "Form" wird verstanden als letzte metaphysische Botschaft des Dichters, der in der vergänglichen Zeit sein "Wort des Glaubens" den künftigen Geschlechtern zuruft. Die Entstehungs-Entwicklungs- und Druckgeschichte von den "Biographischen Gedichten" (1941) über die "Zweiundzwanzig Gedichte" (1943) bis zu den "Statischen Gedichten" (1944), die dann in der Edition von 1948 (später bei Limes 1949) die Zusammenfassung der drei Gedichtgruppen brachte, findet sich ausführlich besprochen in der Arbeit von Harald Steinhagen "Die Statischen Gedichte von Gottfried Benn". Klett-Cotta 1969. –

Laut Benns eigener Formulierung in seinem Brief an den Schweizer Verleger Schifferli bedeutet "Statik" in der Kunst Rückzug auf Maß und Form, Bezug auf die Tradition und – was erstaunlich klingt – Besinnung auf den Expressionismus, den er im Rückblick offenbar nicht so sehr als Revolte gegen die Tradition als vielmehr als Auflehnung gegen die eigene Zeit begreift und als "innere Klärung" und "schöpferische Bändigung der schweren Zerwürfnisse und Krisen" versteht, die seine "chaotische expressionistische Generation" belasteten. Übereinstimmend mit Rychners Wort, daß das, was Benn selbst sagt, einleuchtender sei, als was über ihn gesagt wird[19], soll hier Benns eigene Stellungnahme zu seiner lyrischen "Entwicklung" (wenn wir dies von ihm selbst beargwöhnte Wort einmal gebrauchen wollten) herangezogen werden, die er 1955 im Vorwort zur "Lyrik des expressionistischen Jahrzehnts" dargelegt hat: „Ich bin sicher, und ich sehe und höre es von anderen, daß alle die echten Expressionisten, die jetzt also etwa meines Alters sind, dasselbe erlebt haben wie ich: daß gerade sie aus ihrer chaotischen Anlage und Vergangenheit heraus einer nicht jeder erlebbaren Entwicklung von stärkstem inneren Zwang erlegen sind zu einer neuen Bindung und zu einem neuen geschichtlichen Sinn. Form und Zucht steigt als Forderung von ganz besonderer Wucht aus jenem triebhaften, gewalttätigen und rauschhaftem Sein, das in uns

---

[19] vgl. Gottfried Benn – Max Rychner. Briefwechsel 1930-56, Cottas Bibliothek der Moderne / 47, S. 13

lag und das wir auslebten, in die Gegenwart auf. Gerade der Expressionist erfuhr die tiefe sachliche Notwendigkeit, die die Handhabung der Kunst erfordert, ihr handwerkliches Ethos, die Moral der Form. Zucht will er, da er der Zersprengteste war; und keiner von ihnen, ob Maler, Musiker oder Dichter, wird den Schluß jener Mythe anders wünschen, als daß Dionysos endet und ruht zu Füßen des klaren delphischen Gottes.“[20] In diesem poetologischen Bekenntnis wird das Disparateste so in sinnvollem Zusammenhang gesehen: frühe und spätere Lyrik gehören zum "Massiv".

Nach dem Höhepunkt der "Statischen Gedichte" geht Benn in seiner sogenannten "Alterslyrik" keine wesentlich neuen Wege, – ein Sachverhalt, der Wodtke zu einer Bemerkung veranlaßt, die einen Anflug von Abwertung nicht ausschließt: „Von einer Weiterentwicklung zu einer grundsätzlich neuen, höheren Stufe des lyrischen Spätstils, wie sie etwa Rilke nach 1922 noch erreichte, wird man bei Benn nach 1945 trotz allem, was aus seinem Nachlaß in dem Band 'Primäre Tage' und in den gesammelten Werken noch veröffentlicht wurde, kaum sprechen können.“[21] Diese Bemerkung mag ihren literarhistorischen Meinungswert haben; sie kann aber nicht darüber hinwegtäuschen, daß es gerade in der Spätepoche Gedichte von höchstem Rang gibt, die den "Statischen Gedichten" nicht nachstehen und die aus dem Gesamtwerk Benns nicht wegzudenken sind. Man hat von der Produktion dieser Epoche (1946-56) als von "Gedichten des Abschieds" gesprochen. Formeln wie "ohne Wiederkehr" – "Nie wieder" – "ein letztes Mal" u.ä. – immer schon in Benns Lyrik vorhanden – treten nun in seinen dichterischen Visionen stark in den Vordergrund, z.B. in den Gedichten "Rosen" (1946) – "Nimm fort die Amarylle" (1953) – "Ebereschen" (1954) – "Tristesse" (1954) – "Letzter Frühling" (1955) u.a. Benns letzter Gedichtband – in eigenwilliger Wortschöpfung "Aprèslude" genannt – endet mit der resignierenden Aussage: „Harren, Halten, Sich-Gewähren /

---

[20] Gottfried Benn, GW in 8 Bden, 7. Band, S. 13

[21] F.W. Wodtke, Gottfried Benn, Metzlersche Verlagsbuchhandlung 1962, S. 89f.

Dunkeln, Altern, Aprèslude.“ Diese Haltung der Resignation, des Sichlösens und Fallenlassens charakterisiert insgesamt Benns sogenannte Alterslyrik, in der deutlicher ein biographischer Zug spürbar ist; sie kennzeichnet vor allem sein letztes vollendetes Gedicht “Kann keine Trauer sein”, das motivisch und formal für die Lyrik der späten Epoche bezeichnend ist.

2. Einzelinterpretationen ausgewählter Lyrik-Texte

a) DIE FRÜHEXPRESSIONISTISCHE PHASE

Aus dem Gedichtzyklus "Morgue und andere Gedichte"

Kleine Aster[22)]

Ein ersoffener Bierfahrer wurde auf den Tisch gestemmt.
Irgendeiner hatte ihm eine dunkelhellila Aster
zwischen die Zähne geklemmt.
Als ich von der Brust aus
unter der Haut
mit einem langen Messer
Zunge und Gaumen herausschnitt,
muß ich sie angestoßen haben, denn sie glitt
in das nebenliegende Gehirn.
Ich packte sie ihm in die Bauchhöhle
zwischen die Holzwolle,
als man zunähte.
Trinke dich satt in deiner Vase!
Ruhe sanft,
kleine Aster!

Der "Morgue-Zyklus" beginnt mit diesem monologischen Gedicht; es besteht aus fünfzehn Zeilen von unregelmäßiger Länge und erweckt den Eindruck eines Prosastücks. Auffallend sind jedoch die durch Reime korrespondierenden Verszeilen 1 und 3, 7 und 8. Provokativ und schockierend wirkt der Titel, der mit seinem Blumenbild der Aster – ein auch in Benns späteren Gedichten immer wiederkehrendes Motiv – und dem Diminuitiv-Attribut in der Vorstellung des Lesers etwas Schönes und Zartes aufsteigen läßt. Doch gleich die erste Zeile zerstört auf makabre Weise die Suggestion und läßt sie ins

---

22) Gottfried Benn, Gedichte. In der Fassung der Erstdrucke. Fischer 1982, S. 21

Gegenteil umschlagen durch die Unverhohlenheit brutaler Benennung: der "ersoffene Bierfahrer" läßt an "Bierleiche" denken. Nach der kurzen Einleitung von drei Zeilen, die die Situationsschilderung gibt und das Titelmotiv in dem Bild der "dunkelhellila Aster" aufnimmt, folgt ab Zeile 4 die Schilderung des Sektionsvorgangs: aus der Sicht des sezierenden Mediziners erscheint der Mensch als Objekt, das auf anatomische Details reduziert wird: auf "Brust", "Haut", "Zunge" und "Gaumen". Die Vorstellung vom Menschen als einem Wesen, das durch Gefühl und Vernunft bestimmt ist, wird in diesen makabren Bildern aus den Angeln gehoben. Was hier spricht, ist kein lyrisches Ich mehr, wie es sich in den bisher geläufigen Stimmungsbildern ausgedrückt hat, – es ist ein Ich, das aus naturwissenschaftlicher Optik gestaltet. Ausdrucksmittel wie Sprechstil und Jargon, so radikal angewendet völlig neu in der Lyrik, dienen gewissermaßen einer "Ästhetik des Häßlichen", deren Absicht es ist, den Leser zu schockieren und seine Illusionen zu zertrümmern. Das eigentlich Neue dieser lyrischen Produktionen ist die bis ins Höchste gesteigerte Kontrastierungstechnik von überkommenen Stimmungsbildern und ihrer zynisch-ironischen Umkehrung, wie es besonders am Schluß des Gedichts durch den der Aster geltenden Nachruf "Ruhe sanft" auf groteske Weise veranschaulicht wird. Syntaktisch unterscheiden sich die letzten drei Zeilen, die der epischen Berichterstattung folgen, insofern von den vorherigen, als sie Aufforderungen enthalten und mit Ausrufezeichen versehen sind. –

Es geht in diesen makabren Sektionsgedichten aber nicht nur um einen radikalen Naturalismus allein. Theo Meyer weist auf die besondere "expressionistische Kreativität" hin, die in ihnen wirksam ist: Benn zerschlage die scheinbar harmonische Einheit von Welt, Bewußtsein und Stimmung und verfüge durch pointierte Motiventfremdung auf eine neue Weise über die Einzelelemente."[23]

---

23) vgl. Theo Meyer, Gottfried Benn und der Expressionismus. a.a.O., S. 387

Schöne Jugend[24]

Der Mund eines Mädchens, das lange im Schilf gelegen hatte,
sah so angeknabbert aus.
Als man die Brust aufbrach, war die Speiseröhre so löchrig,
Schließlich in einer Laube unter dem Zwerchfell
fand man ein Nest von jungen Ratten.
Ein kleines Schwesterchen lag tot.
Die anderen lebten von Leber und Niere,
tranken das kalte Blut und hatten
hier eine schöne Jugend verlebt.
Und schön und schnell kam auch ihr Tod:
man warf sie allesamt ins Wasser.
Ach, wie die kleinen Schnauzen quietschten!

"Schöne Jugend", an zweiter Stelle des "Morgue-Zyklus", ist das spektakulärste Gedicht dieser Reihe; es vertritt am reinsten den Typus der frühexpressionistischen Lyrik Benns. Der Text ist in Thema und Struktur der "Kleinen Aster" ähnlich: bei beiden Gedichten handelt es sich um den gleichen Schauplatz. Gegenstand ist hier wie dort die Sektion einer Leiche, doch wirkt der Bericht über den Vorgang noch unpersönlicher durch das neutrale "man" statt des monologischen "Ich". Auch verfährt der Dichter ähnlich in der Titelwahl: der Überschrift entsprechend, vermutet man einen anderen Inhalt, als das Gedicht ihn bietet. In makabrer Umkehrung dieser Zusammenstellung weckt der Titel des Sektionsgedichts Assoziationen zu dem Kehrreim des bekannten Pseudo-Volkslieds: „Schön ist die Jugend, sie kommt nicht mehr ..."

Noch auffallender als bei dem ersten Gedicht des "Morgue-Zyklus" ist die Kontrastwirkung von Titel und Thematik, noch stärker die beabsichtigte Brüskierung des Lesers. Durch nichts könnte es besser gelingen, die Leseerwartung in die Irre zu führen als durch Evokation dieses sentimentalen Topos, in dem sich Vergänglichkeitswehmut mit Lebenslust vermischt und der – in Anwendung auf einen disparaten Gegenstand – in

[24] Gottfried Benn, Gedichte. Fischer, a.a.O., S. 22

makabrer Weise klischiert und damit demaskiert wird. Der Titel "Schöne Jugend", der sich hier nicht – wie erwartet – auf den Menschen, sondern auf das Tier, auf die Ratten bezieht, verhöhnt damit in grotesker Weise die Klischees der pseudoromantischen Epigonaldichtung, etwa Geibels "O Jugendzeit, du grüner Wald", die in der Luft liegen und zu jeder Gelegenheit zur Hand sind. Die Vokabeln, die sich zu dem Titelmotiv unwillkürlich einstellen, sind zwar vorhanden, werden aber schockierend assoziiert, z.B. Mund und Brust eines Mädchens mit Ausdrücken wie "angeknabbert" und "löcherig" oder auf das Rattennest bezogen, wie z.B. "schöne Jugend", "Laube", das Diminuitiv "Schwesterchen", – im Zusammenklang eine Evozierung des Ekels, wie sie kaum wirksamer erreicht werden kann. Auffallend ist in diesem Prosagedicht die Entwertung des Adjektivs "schön", dessen Zentralstellung in dem Pseudo-Volkslied von der "schönen Jugend" hier durch seine Zuordnung, z.B. "Und schön und schnell kam auch der Tod" seines geläufigen Charakters enthoben wird. Durch die Umkehrung des Schönen in Abstoßendes wird die Absicht demonstriert, die Verbrauchtheit und Sinnentleertheit der pseudo-poetischen Sprache zu entlarven und die Fragwürdigkeit im Verhältnis von Wort und Wirklichkeit aufzudecken.

Mann und Frau gehn durch die Krebsbaracke [25)]

Der Mann:
Hier diese Reihe sind zerfressene Schöße
und diese Reihe ist zerfallene Brust.
Bett stinkt bei Bett. Die Schwestern wechseln stündlich.

Komm, hebe ruhig diese Decke auf.
Sieh, dieser Klumpen Fett und faule Säfte,
das war einst irgendeinem Manne groß
und hieß auch Rausch und Heimat. –

Komm, sieh auf diese Narbe an der Brust.
Fühlst du den Rosenkranz von weichen Knoten?
Fühl ruhig hin. Das Fleisch ist weich und schmerzt nicht. –

Hier diese blutet wie aus dreißig Leibern.
Kein Mensch hat so viel Blut. –
Hier dieser schnitt man
erst noch ein Kind aus dem verkrebsten Schoß. –

Man läßt sie schlafen. Tag und Nacht. – Den Neuen
sagt man: hier schläft man sich gesund. – Nur sonntags
für den Besuch läßt man sie etwas wacher. –

Nahrung wird wenig noch verzehrt. Die Rücken
sind wund. Du siehst die Fliegen. Manchmal
wäscht sie die Schwester. Wie man Bänke wäscht. –

Hier schwillt der Acker schon um jedes Bett.
Fleisch ebnet sich zu Land. Glut gibt sich fort.
Saft schickt sich an zu rinnen. Erde ruft. –

In diesem Gedicht handelt es sich um eine Konfrontation mit Vorgängen klinischer Praxis, die in der ungewöhnlichen Form der persönlichen Rede mit ihren Hinweisen und Aufforderungen veranschaulicht wird. Da aber keine Gegenrede erfolgt, sind die im Titel erwähnten individuellen Unterschiede (Mann und Frau) im Text selbst aufgehoben. Insofern ist es ein monologisches Gedicht. Der Titel weist auf ein episches Geschehen:

---

25) Gottfried Benn, Gedichte. Fischer Verlag 1982, S. 28

ein gemeinsamer Gang zweier Menschen durch einen Krankenhaussaal. Das Gedicht – wenn die herkömmliche Bezeichnung noch anwendbar ist – besteht aus unregelmäßig gebauten reimlosen Strophen. Die ersten drei Zeilen geben mit schonungsloser Schärfe Einblick in die Situation des Krankensaals; in ihnen ist alles zusammengedrängt, was sich den Sinnen an Ekel und Grauen aufdrängt. Dann geht die rein sachliche Berichterstattung in die dreimalige Aufforderung über, die der Mann ausspricht: "Komm, hebe ruhig ..." – "Komm, sieh auf diese Narbe ..." – "Fühl ruhig hin ...". Es ist die Blickführung des betrachtenden Du durch den Arzt, der hier mit monoton wirkender Wiederholung Einblick in die Details der Hinfälligkeit und des Grauens vermittelt. Syntaktisch wird der Vorgang noch durch angeschlossene Fragen unterstrichen, die die Eindrücke des Grauens intensivieren, z.B. "Fühlst du den Rosenkranz von weichen Knoten?". Makaber wirkt hier die idyllisch klingende Rosenkranz-Metapher zur Veranschaulichung tödlicher Verfallserscheinungen. Wir kennen bereits diese Neigung Benns, durch unangemessene Zuordnung das Groteske einer Situation fast bis ins Unerträgliche zu steigern.

Der Darstellung der Situation in der Krebsbaracke aus der Sicht des Mediziners, den hier kein ärztlicher Nimbus umgibt, folgen Bemerkungen über das Pflegeverhalten, deren grausigen Höhepunkt der Vergleich bildet, man wasche die Kranken "wie man Bänke wäscht", – eine jener Bennschen Wendungen in der frühen Lyrik, die atemberaubend sind. Außerdem enthält diese Stelle einen Aspekt, der über die bloße zynische Benennung der menschlichen Leiden hinausgeht und den Hintergrund der Verzweiflung und des Mitleids durchschimmern läßt, den der Zeitgenosse Ernst Stadler als einer der wenigen in den provokanten Versen des jungen Benn bereits aufgespürt hatte. Das wird noch durch den Dreizeiler des Schlusses unterstrichen, der sich von dem Vulgärvokabular der vorhergehenden Strophen absetzt und in getragenem Stil und weitgespannten Bildern die Todesvision aufsteigen läßt.

Aus der Gedichtsammlung "Söhne"

Der junge Hebbel[26)]

Ihr schnitzt und bildet: den gelenken Meißel
in einer feinen weichen Hand.
Ich schlage mit der Stirn am Marmorblock
die Form heraus,
meine Hände schaffen ums Brot.

Ich bin mir noch sehr fern.
Aber ich will Ich werden!
Ich trage einen tief im Blut,
der schreit nach seinen selbsterschaffenen
Götterhimmeln und Menschenerden.

Meine Mutter ist eine so arme Frau,
daß ihr lachen würdet, wenn ihr sie sähet.
Wir wohnen in einer engen Bucht,
ausgebaut an des Dorfes Ende.
Meine Jugend ist mir wie ein Schorf:
eine Wunde darunter.
Da sickert täglich Blut hervor.
Davon bin ich so entstellt. –

Schlaf brauche ich keinen.
Essen nur soviel, daß ich nicht verrecke!
Unerbittlich ist der Kampf
und die Welt starrt von Schwertspitzen.
Jede hungert nach meinem Herzen.
Jede muß ich, Waffenloser,
in meinem Blut zerschmelzen.

Benn stellte dieses Gedicht gleichsam programmatisch an den Anfang seiner Gedichtsammlung "Söhne"; sie ist der Lyrikerin Else Lasker-Schüler gewidmet, von der er damals stark beeindruckt war. Die Tonart der Verse ist grell, das Vokabular

---

26) Gottfried Benn, Gedichte. Fischer a.a.O., S. 59

stellenweise vulgär. In ihnen sind Motive aus Hebbels Dichtung "An die Jünglinge" verwertet, ein Gedicht, das Benn sehr geschätzt hat.

In dem Essay "Soll die Dichtung das Leben bessern?" bezieht er sich auf dieses Hebbel-Gedicht: „Und damit Sie sehen, wie ernst die Situation ist, der ich Ausdruck zu verleihen mich bemühe, schließe ich mit einem Vers von Hebbel, in dem Sie auch das Wort hören, das meinem Stil fremd ist, das aber viele von Ihnen vielleicht erhoffen, es ist ein Vers aus dem Gedicht "An die Jünglinge", er lautet:

> Ja, es werde, spricht auch Gott,
> und sein Segen senkt sich still,
> denn er macht den nicht zum Spott,
> der sich selbst vollenden will. [27]

Daß Benn diese Stelle zitiert, zeigt – trotz der stilistischen Verschiedenheit – seine Identifikation mit der gedanklichen Aussage; dies betrifft nicht nur das Zitat, sondern das gesamte Hebbel-Gedicht, in dem er vieles von sich selbst wiederfindet: sein Ich-Gefühl und vor allem seine Vorstellung von der schicksalsbestimmten Einsamkeit des Künstlers:
(Strophe 3 aus "An die Jünglinge")

> "Betet dann, doch betet nur
>   Zu euch selbst und ihr beschwört
> Aus der eigenen Natur
>   Einen Geist, der euch erhört.
> Leben heißt, tief einsam sein;
>   In die spröde Knospe drängt
> Sich kein Tropfen Taus hinein,
>   Eh sie innre Glut zersprengt ..." [28]

Zu dieser Strophe gibt es in Benns Gedicht eine direkte Entsprechung (Zeile 7): „Aber ich will Ich werden." Hier wie dort

---

27) Gottfried Benn, GW, Bd. 4, S. 1157

28) Friedrich Hebbel, An die Jünglinge. Carl Hanser Verlag München, hrsg. v. Gerhard Fricke, I. Band, S. 13

wird das schöpferische "Ich" aus freiem Willen bejaht. Es ist *das* beherrschende Thema des "Expressionismus", der sich damit auch gegen die Welt der Väter auflehnt, wie es in dem programmatischen Anfangsgedicht und in anderen Gedichten des "Söhne-Zyklus" zum Ausdruck kommt.

Schon die Thematik der ersten Strophe fügt dieses Gedicht in die Reihe der sogenannten Kunst- und Künstlergedichte ein, deren Höhepunkt das Gedicht "Chopin"[29] ist; am Beispiel der sinnbildlich beschworenen Gestalt des Dichters Hebbel sagt der Benn der frühexpressionistischen Phase dem Impressionismus und Symbolismus mit seiner nuancierten Stimmungskunst den Kampf an. Gegenüber dem "gelenken Meißel / in einer feinen weichen Hand" wird die Absetzung der eigenen Arbeitsweise unter dem Bild von der "Stirn am Marmorblock" vollzogen: hier wird zugleich die Welt des jungen Realisten Hebbel wie die des jungen Expressionisten Benn ins Auge gefaßt.

Schon zeichnet sich ab, was Benns Auffassung später in zunehmendem Maße beherrschen wird: Kunst ist Kampf mit dem Leben; im Vordergrund steht das Ringen um die Form. In der 2. Strophe wird das Bildhauerbild fallengelassen; in den Vordergrund drängt der Gedanke des Ich und seiner Verwirklichung und Selbstdarstellung: prometheische Auflehnung wird in grellen Bildern zum Ausdruck gebracht. In der 3. Strophe bieten sich aus Hebbels Biographie die Vorstellungen gesellschaftlicher Wirklichkeit an: Armut und Existenznot, niedere Herkunft und armselige Jugend – letztere im medizinischen Vergleich von "Schorf" und "Wunde" veranschaulicht –, in der Schlußstrophe ergänzt durch Bilder des unerbittlichen Kampfes mit einer feindlichen Umwelt, in der das Genie seine künstlerische Passion mit Mangel an Schlaf und Nahrung bezahlt.

Wiederum – wie in der Sammlung "Morgue" – liegt ein monologisches Gedicht vor. Es besteht aus vier unregelmäßig gebauten Strophen, deren Zeilen reimlos sind. Die Diktion, die wie Prosa wirkt, zeigt einen Sprechstil, der den Eindruck von

---

[29] Gottfried Benn, Gedichte. Fischer, a.a.O., S. 331

Berichterstattung erweckt. Obwohl dieses Gedicht der Prosa nahe ist, sind jeweils vier Hebungen in den Zeilen festzustellen. Die Wortwahl gehört verschiedenen Sprachebenen an: formelhafte Wendungen ("Stirn am Marmorblock") werden mit Ausdrücken aus dem medizinischen Bereich ("Wunde – Schorf") und Vulgarismen ("verrecken") vermischt. Dadurch gewinnt das Ganze den Eindruck von Montage. Bestimmt ist dieses Gedicht durch den Charakter der unmittelbaren Rede, die als Anrede des "Ich" an ein "Ihr" den Kontrast zweier Kunstanschauungen thematisiert. Diese Auseinandersetzung zwischen existentieller und schöner Kunst, nicht zufällig dem Realisten Hebbel in den Mund gelegt, führt zu gewalttätigen Bildern, in denen sich der neue künstlerische Ausdruckswille widerspiegelt: Das Herausschlagen der Form, der unerbittliche Kampf, das Hungern der Schwertspitzen der Welt nach dem Herzen des Künstlers und zum Schluß das Bild des Waffenlosen, der diese Schwertspitzen in seinem Blut "zerschmelzen" muß.

Schnellzug [30)]

Das Gleitende, das in den Fenstern steht!
Von meinen Schultern blättern die Gefilde,
die Lauben und die zugewachsenen Dörfer;
verschollene Mütter; das ganze Land
ein Grab voll Väter: – nun sind die Söhne groß
und prunken mit der großen Götterstirne,
nackt und im Taumel des entbundenen Bluts. –

Das Schwärende schickt kranke Stimmen hoch:
Wo grenzen wir ans Glück? Wir kleine Forst,
kein Adler und kein Wild! Armseliges
Geblühe färbt sich matt in unsere Flur. –

Aufschreit das Herz: O Haar! Du Dagmar – blond!
Du Nest! Du tröstende erblühte Hand!
Die weiten Felder der Verlassenheit!
Das Rot der Ebereschen hat schon Blut.
O sei bei mir! Es schweigt so aus den Gärten. –

Doch Gleitendes, das in dem Fenster steht:
Von meinen Schultern blättern die Gefilde,
Väter und Hügelgram und Hügelglück –:
Die Söhne wurden groß. Die Söhne gehn
nackt und im Grame des entbundenen Blutes,
die Stirn aufrötet fern ein Abgrund-glück.

Thematisch ist "Schnellzug" noch stärker auf das im Expressionismus so beliebte Vater-Sohn-Motiv bezogen als "Der junge Hebbel", dessen zentrales Anliegen eine am Beispiel einer Dichtergestalt dargestellte neue Kunstauffassung ist. Jedoch sind die gedanklichen und formalen Übereinstimmungen nicht zu übersehen. Im Inhalt und in der Bildlichkeit erscheint uns dieses weniger bekannte Gedicht dem zeitgenössischen Expressionismus am nächsten zu stehen. Es ist stark von der Pathetik und der ekstatischen Ausdrucksform der Else Lasker-Schüler beeinflußt, zu der Benn damals in lei-

---

[30)] Gottfried Benn, Gedichte. Fischer, a.a.O., S. 71

denschaftlicher Beziehung stand. In der dritten Strophe klingt das Liebesmotiv an “O sei bei mir!”. Auch ist der Einfluß Nietzsches, besonders der seiner Dionysos-Dithyramben, nicht zu verkennen.[31]
Die Situation, durch die Überschrift ”Schnellzug” bezeichnet, ist wie in der 1. Strophe durch die Reihung der Bilder veranschaulicht, was dann bis zur wörtlichen Wiederholung in der 4. und letzten Strophe wieder aufgenommen wird. Von den ”Lauben” und ”zugewachsenen Dörfern” ist ein biographischer Bezug – ähnlich wie in dem zu gleicher Zeit entstandenen Gedicht ”Herbst” – zu Benns Kindheitsumgebung anzunehmen, auf die ”verschollene Mütter” und ”ein Grab voll Väter” in der gleichen Strophe anspielen. Im Mittelpunkt steht das Aufbegehren der Söhne gegen die gehaßten Väter, das Absetzen der im Taumel der entbundenen Ich-Gefühls befreiten Söhne-Generation, die ”Hügelglück” und ”Hügelgram” väterlicher Begrenzung für ein selbstgewähltes ”Abgrund-Glück” verschmäht. Das sind Gedanken und Empfindungen der expressionistischen Dichterbewegung; aber zugleich enthalten diese Verse schon Motive und Wendungen, die Benn ganz zugehören und die noch in der Lyrik seiner Spätzeit auftauchen. Das betrifft vor allem das Ebereschenmotiv, das ihn von jeher fasziniert hat und das dann eines seiner schönsten Spätgedichte ”Ebereschen” thematisch und atmosphärisch beherrscht.

Das vorliegende reimlose Gedicht, in vier unregelmäßig gebaute Strophen gegliedert, wird stärker als ”Der junge Hebbel” durch den Rhythmus zusammengehalten. Hier zeigt sich noch deutlicher Benns Vorliebe für die Reduzierung der Sätze zu bloßen Substantiven, seine Neigung zu Partizipialkonstruktionen, zu unvollständigen Relativsätzen und emphatischen Ausrufen. Typisch für diesen Dichter sind vor allem die eingefügten Fragen, die keiner Antwort bedürfen und in der Schwebe bleiben, die Vielzahl von Gedankenstrichen, ebenso die eigenwilligen Wortverbindungen, die Gegensätzliches zuordnen, z.B. ”Abgrund-glück” (Strophe 4). Wie auch später bei

---

31) vgl. F.W. Wodtke, Gottfried Benn. Sammlung Metzler 1962, S. 17

ihm, so werden ebenso hier Worte exponiert, die atmosphärisch wirken; wir wiesen bereits auf den Ausdruck "Ebereschen" hin. Laut Benn ist das Wort für den Lyriker real und magisch zugleich, ein "moderner Totem".

Hier ist kein Trost [32)]

Keiner wird mein Wegrand sein.
Laß deine Blüten nur verblühen.
Mein Weg flutet und geht allein.

Zwei Hände sind eine zu kleine Schale.
Ein Herz ist ein zu kleiner Hügel,
um dran zu ruhn.
Du, ich lebe immer am Strand
und unter dem Blütenfall des Meeres,
Ägypten liegt vor meinem Herzen,
Asien dämmert auf.

Mein einer Arm liegt immer im Feuer.
Mein Blut ist Asche. Ich schluchze immer
vorbei an Brüsten und Gebeinen –
den thyrrhenischen Inseln zu:

Dämmert ein Tal mit weißen Pappeln
ein Illyssos mit Wiesenufern
Eden und Adam und eine Erde
aus Nihilismus und Musik. –

Das Gedicht ist nachweislich an Else Lasker-Schüler gerichtet, als direkte Antwort an die Dichterin, die in ihrem Gottfried Benn-Zyklus unter dem Titel "Höre" folgende Verse geschrieben hatte:

---

32) Gottfried Benn, Gedichte. Fischer, a.a.O., S. 70

„Ich bin dein Wegrand.
Die dich streift, stürzt ab
Fühlst du mein Lebtum
Überall
Wie ferner Saum?“

Der Bezug ist augenfällig: "Wegrand" wird wörtlich, geradezu thematisch aufgenommen. Schon in diesem frühen Gedicht taucht das Thema auf, das Benns gesamtes Werk beherrscht: die Unvereinbarkeit von Glück und Kunst. Alle seine Liebesgedichte sind von diesem Tenor bestimmt: „Ein Herz ist ein zu kleiner Hügel, / um dran zu ruhn.“ In diesem symptomatischen Bild wird ebenso wie in dem lakonischen Einleitungssatz Glück und Lust zugunsten schöpferischer Einsamkeit zurückgewiesen: „Mein Weg flutet und geht allein.“ Der Dichter, dem die Passion der Form aufgegeben ist und der die Welt nur als geistige Konstruktion erleben kann, muß sich der Position des "Gegen-Glücks" verschreiben, wie es in der Schlußzeile des späteren Gedichts "Einsamer nie –" programmatisch ausgedrückt wird: „dienst du dem Gegenglück, dem Geist.“ – Viele Strophen in Benns Werk wiederholen diese zentrale Erkenntnis, wie z.B. folgende Verse, in denen es bis zur Übereinstimmung der einleitenden Formulierung geht:

„Keiner kann dich beschenken
weder mit Brot noch mit Wein
dein ist Leiden und Denken
So empfängst du das Sein.“

(Aus: "Die weißen Segel")[33]

Dem Titel des Gedichts "Hier ist kein Trost" entsprechend, kann das Ich dem Du keinen Trost geben und auch keinen von ihm erwarten: in dichterischen Bildern wird veranschaulicht, daß sich die Linien beider Existenzen nicht mehr berühren. Das lyrische Ich erlebt den Zustand der Anamnesis; als Erinnerndes kann es mit den Chiffren südlicher Visionen die antike Welt in sich heraufbeschwören: Illyssos, die thyrrhenischen

---

[33] Gottfried Benn, Gedichte. Fischer, a.a.O., S. 264

Inseln, aber auch Ägypten und Asien. Ähnlich wie in der frühen Prosa der Rönne-Novellen tritt hier der Südkomplex auf, – eine vom Geist besuchte Landschaft, in der Mittelmeerisches mit Asiatischem und Afrikanischem vermischt ist in einer mythisch-imaginären Welt, in der das lyrische Ich seinen geistigen Raum findet.

In der Sprachform unterscheidet sich das Gedicht von der Mehrzahl der "Söhne-Gedichte": das Vokabular vermeidet allzu grelle Töne; kein Alltagsjargon mischt sich in das Lyrisch-Ekstatische des Ausdrucks, der den Einfluß der Lasker-Schüler nicht verleugnet. Es ist wie "Der junge Hebbel" ein monologisches Gedicht; die Sprachform steht der Prosa nahe, wirkt aber vom Rhythmus her lyrisch. Das beherrschende Bild der "weißen Pappel", deren Farbe hier magische Beschwörung ausstrahlt, findet sich in späterer Lyrik wieder. Farben haben wie Töne und Worte keine "Zeit"; in ihnen lebt etwas wie geschichtslose Dauer, sie überwältigen das schöpferische Ich mit der Kraft ihrer "südlichen Zermalmung". Das im Gedicht beschworene Bild eines Tals mit "weißen Pappeln" erinnert an die Plantane am Illyssos-Ufer in Platons "Phaidros". Schon in diesem frühen Gedicht zeigt sich Benns Neigung, antike Bilder und Motive in seinen Dichtungen zu verwenden; sie durchziehen wie Leitmotive sein gesamtes Werk. –

Der Dichter, der den "Söhne-Zyklus" insgesamt etwas abschätzig beurteilt hat, ließ lediglich dieses Gedicht gelten.[34] Dabei muß man allerdings wissen, daß Benn häufiger seine eigene Produktion skeptisch beurteilt hat.

---

34) Dichter über ihre Dichtungen, Gottfried Benn. Hrsg. von Edgar Lohner, Heimeran-Limes, 1951, S. 12

B) DIE SPÄTEREN GEDICHTE

Aus der Sammlung "Statische Gedichte"

Tag, der den Sommer endet [35]

Tag, der den Sommer endet
Herz, dem das Zeichen fiel:
die Flammen sind versendet,
die Fluten und das Spiel.

Die Bilder werden blasser,
entrücken sich der Zeit,
wohl spiegelt sie noch ein Wasser,
doch auch dies Wasser ist weit.

Du hast eine Schlacht erfahren,
trägst noch ihr Stürmen, ihr Fliehn,
indessen die Schwärme, die Scharen,
die Heere weiter ziehn.

Rosen- und Waffenspanner,
Pfeile und Flammen weit –:
die Zeichen sinken, die Banner –:
Unwiederbringlichkeit.

Das vorliegende Gedicht kann mit den drei folgenden "Anemone" – "Astern" – "Einsamer nie" motivisch als "Naturlyrik" betrachtet werden, wenn auch im Hinblick auf Benn mit traditionellen Vorstellungen solcher Begriffe vorsichtig umgegangen werden muß. – "Tag, der den Sommer endet" gehört wohl zu den vollkommendsten lyrischen Gestaltungen nicht nur Benns, sondern deutscher Sprache überhaupt. Seine besondere Faszination liegt in Rhythmus und Musikalität der Verse, die den unwiederholbaren, wenn auch häufig nachgeahmten Bennschen Ton tragen. Die Struktur des Gedichts zeigt vier in sich abgeschlossene, regelmäßig gebaute Strophen, wie sie für viele lyrische Stücke des späteren Benn charakteristisch sind. Auffallend ist der zweimalige Einsatz mit einem Substan-

---

35) Gottfried Benn, Gedichte. Fischer, a.a.O., S. 263

tiv in den ersten beiden Verszeilen, – wiederkehrend auch der als Attribut verwendete unvollständige Relativsatz, der mit einem Doppelpunkt endet. Die für Benn charakteristischen Doppelpunkte finden sich ebenso in den folgenden Strophen des Gedichts; sie ersetzen die Konjunktionen, die die Satzkonstruktion logisch begreifbar machen, indem sie auf ihre Weise die in den Versen aufsteigenden Bilder suggestiv verstärken. Dies gilt vor allem für die Schlußstrophe, in der die letzte Zeile vor einem Gedankenstrich, kombiniert mit einem Doppelpunkt, das eigentlich sinntragende Hauptwort exponiert und isoliert. Auch die ersten drei Zeilen der vierten Strophe zeigen die für Benn charakteristische Aneinanderreihung von syntaktisch zusammenhanglosen Hauptwörtern; das Substantiv gilt diesem Lyriker als das "stärkste Wort" in einem Gedicht. Der lyrische Vorgang wird bereits in der Parallelität der beiden ersten Gedichtzeilen sehr verhalten thematisiert: Finalität an diesem Tag des Sommerendes und in der Situation des lyrischen Ich, das hier zu Wort kommt. In den folgenden Bildern wird das Schwinden und Verblassen sommerlicher Fülle beschworen, die nur noch in fernen Spiegelbildern, zeitentrückt, erscheint. In der dritten Strophe wird noch deutlicher als am Anfang die persönliche Beziehung hergestellt durch das "Du" am Anfang der ersten Zeile, in dem sich das "Ich" selbst anspricht. Seine Erfahrungen unter dem Zeichen des Schwindenden – analog dem Naturgeschehen – werden in den Bildern von "Schlacht", "Heere", "Stürmen" und "Fliehn", "Schwärme", "Schatten", "Waffenspanner", "Pfeile" und "Banner" veranschaulicht, – Chiffren innerer Erfahrung des Ich, die wie die Sommerfülle, in "Unwiederbringlichkeit" versinken. In der letzten Strophe erscheint das bei Benn immer wieder beschworene Rosen-Motiv, Sinnbild für die höchste Steigerung des Seins, aber zugleich auch Zeichen der Verflüchtigung und des nahenden Endes in der Erfahrung des "Spät", das bei Benn zu einem eigenen Hauptwort wurde. Das Faszinierende des lyrischen Vorgangs im vorliegenden Gedicht liegt in jener Schwebe zwischen "noch" empfundener Fülle und "doch" schon spürbarem unaufhaltsamen Schwindens, – eine gedankliche Spannung, die in den Konjunktionen "noch", "doch", "indessen", "wohl" ihren Ausdruck findet.

Astern [36]

Astern – schwälende Tage,
alte Beschwörung, Bann,
die Götter halten die Waage
eine zögernde Stunde an.

Noch einmal die goldenen Herden
der Himmel, das Licht, der Flor,
was brütet das alte Werden
unter den sterbenden Flügeln vor?

Noch einmal das Ersehnte,
den Rausch der Rosen Du –
der Sommer stand und lehnte
und sah den Schwalben zu,

noch einmal ein Vermuten,
wo längst Gewißheit wacht:
die Schwalben streifen die Fluten
und trinken Fahrt und Nacht.

"Astern" ist ein Lieblingsmotiv Benns; es erscheint schon – wenn auch in makabrer Verwendung – in den Sektionsgedichten der Frühzeit und taucht auch später immer wieder auf, wie z.B.in folgenden Versen: „Sieh des Sommers letzten blauen Hauch / mit Astermeeren an die fernen baumbraunen Ufer treiben; ...". Analog zu dem Gedicht "Tag, der den Sommer endet" erscheint auch hier das Herbstmotiv; Ausgangspunkt ist das Wort "Astern", das artikellos am Anfang des Gedichts steht und als Chiffre des Schwindenden in der letzten Beschwörung von Fülle und Licht alle folgenden Assoziationen heraufbeschwört. So wird aus dem assoziativen Blumenmotiv eine visionäre Schau des herbstlichen Menschheitsschicksals. Formstrenge und Regelmäßigkeit kennzeichnen das vierstrophige Gedicht im Kreuzreim, dessen Kompositionselement eine Mischung von Bild und Gedanke ist. Es macht die Faszination dieses lyrischen Textes aus, daß hier Reflexion und Bild nahtlos verbunden sind: die begrifflichen Wörter

---

[36] Gottfried Benn, Gedichte. Fischer, a.a.O., S. 268

"Vermuten" und "Gewißheit" z.B. lösen sich in dem Bild der in die Nacht hinstreifenden Schwalben auf.
Die in diesem Gedicht heraufbeschworene Bilderfülle weist auf die zentrale Vorstellung der Waage hin (Str. 1), Chiffre für den Schwebezustand zwischen "noch einmal", einer alle Strophen umklammernden Wiederholungsformel, und der in dem Bild "Fahrt und Nacht" angedeuteten Todesvorstellung. Alle Bilder und Gedanken in dem Gedicht berühren jenen Zustand zwischen "noch einmal" und "nie wieder" in den Kontrastierungen von "goldenen Herden" und "sterbenden Flügeln", dem "Rausch der Rosen" und der "Fahrt der Nacht". In Benns schönsten Gedichten wird – ausgehend von einem ähnlichen Motiv aus der Natur – immer wieder das eine letzte Mal ohne Wiederkehr suggeriert, z.B. in dem späten Gedicht "Ebereschen":

> „Ebereschen – noch nicht ganz rot
> von jenem Farbton, wo sie sich entwickeln
> zu Nachglut, Vogelbeere, Herbst und Tod. ..."

Auffallend in den späteren Benngedichten ist das häufig wiederkehrende Wort "Stunde" – dem Goetheschen "Augenblick" vergleichbar – das hier mit dem Attribut "zögernde" Begrenztheit der Zeit, befristete Dauer zum Ausdruck bringt. Es ist in Strophe 3 dem faszinierenden Bild von der Personifizierung des Sommers zugeordnet: „der Sommer stand und lehnte / und sah den Schwalben zu." Bemerkenswert auch der Ausdruck "Götter", ein bei Benn häufiger Terminus, der keinen Glaubensinhalt mehr trägt. "Götter" gelten hier augenscheinlich als letzte Standbilder im Zerfall der Kultur. Die Struktur des Gedichts wird vorwiegend durch syntaktisch unverbundene Nomina bestimmt; enger verknüpft als in den sonst reihenden Eingängen sind die beiden Substantive des Aussagekerns: durch logische Antithese und durch ein Satzgefüge, dessen erste Hälfte allerdings noch ohne Prädikat ist. Ungewöhnlich sind auch die Satzzeichen: der Gedankenstrich, kombiniert mit einem Doppelpunkt, der hier wie auch in dem o. besprochenen Gedicht für die logische Satzfügung eintritt. Typisch für Benn ist auch die Fragekonstruktion in der zweiten Strophe, in der ein mythologisches Element durch das Wort "alt" = "von alters her" die persönliche Erfahrung zu einem allgemeinen Menschheitserlebnis verabsolutiert.

Anemone [37)]

Erschütterer – : Anemone,
die Erde ist kalt, ist Nichts,
da murmelt deine Krone
ein Wort des Glaubens, des Lichts.

Der Erde ohne Güte,
der nur die Macht gerät,
ward deine leise Blüte
so schweigend hingesät.

Erschütterer – : Anemone,
du trägst den Glauben, das Licht,
den einst der Sommer als Krone
aus großen Blüten flicht.

Wie in dem Gedicht vorher wird ein Blumenmotiv in der Überschrift thematisiert. "Blumen" haben für Benn nicht nur ästhetische Wirkung: sie haben Zeichenwert. In dem Glanz und in der Flüchtigkeit ihrer Erscheinung gelten sie als tragisch schlechthin: Vollendung und Tod liegen in keiner Naturerscheinung so eng zusammen.

"Anemone" ist ein Bildmotiv, das bereits in Benns früher Rönne-Prosa, am Rande des Südkomplexes, auftaucht. Dem Rausch hingegeben, „erschuf sich Rönne an den hellen Anemonen des Rasens“[38)] entlang. Andeutungsweise wird auch hier schon in dem ersten Blumenbild eine sinnbildliche Kraft

---

37) Gottfried Benn, Gedichte. Fischer, a.a.O., S. 275

38) Gottfried Benn, GW, a.a.O., Bd. 5, S. 1208

verspürt, die an einer weiteren Stelle der Rönnenovellen in der Benennung "Anemonenschwert"[39] noch stärker zum Ausdruck kommt. Diese Kontrastwirkung von Zartheit und Kraft im Blumenbild der "Anemone" ist das beherrschende Thema des vorliegenden Gedichts.

In dem Beinamen "Erschütterer" wird – syntaktisch unverbunden, lediglich durch Gedankenstrich und Doppelpunkt verknüpft – der zarten Blume eine unangemessen erscheinende Fähigkeit attestiert, die durch die assoziativen Bilder der folgenden Strophen nur andeutungsweise erklärt wird. Diese eigentümliche Wirkung ist beabsichtigt: Reflexion und Bildmotiv sind deutlich aufeinander bezogen.

In zwei isoliert stehenden Ausrufen, die zugleich Anreden sind, wird bereits zu Anfang und dann in der wörtlichen Wiederholung der Schlußstrophe der Gegenstand der lyrischen Aussage in das Blickfeld gerückt. Durch diese starke Hervorhebung in Anrede und syntaktischer Isolation wird er besonders ausgezeichnet. Es geht hier nicht um das individuelle Erscheinungsbild des Naturmotivs – alle Detailschilderungen von Form und Farbe sind ausgespart – sondern es werden Aussagen allgemeiner Art mit ihm assoziiert: die Blume verkündet durch die ihrer Zartheit unangemessene Kraft und durch ihr jahreszeitlich unpassendes Blühen ("die Erde ist kalt") Licht und Hoffnung; das Erstaunliche ihrer Existenz verbindet überzeitlich das Winterbild der Erde mit einer Vision der zukünftigen Sommerfülle (1. und 3. Strophe).

Die kurze lyrische Aussage wirkt spannungsstark durch die Häufung der Kontrastbilder: der kalten Erde ohne Güte, in der nur die Macht gilt, und der "leisen Blüte ... schweigend hingesät". Man beachte hier die Gegensätze im Wortbefund in den Bildern des Gewaltsamen und des Wachstümlichen.

Die Strenge der klassischen Form – drei vierzeilige regelmäßige Strophen mit Kreuzreim – intensiviert den Eindruck von Objektivität der Aussage; das lyrische Ich als Aussagendes wird in diesem Gedicht nicht persönlich betont. –

---

[39] ebd., S. 1191

Einsamer nie – [40)]

Einsamer nie als im August:
Erfüllungsstunde –, im Gelände
die roten und die goldnen Brände,
doch wo ist deiner Gärten Lust?

Die Seen hell, die Himmel weich,
die Äcker rein und glänzen leise,
doch wo sind Sieg und Siegsbeweise
aus dem von dir vertretenen Reich?

Wo alles sich durch Glück beweist
und tauscht den Blick und tauscht die Ringe
im Weingeruch, im Rausch der Dinge, –:
dienst du dem Gegenglück, dem Geist.

Die Titelgebung in diesem Gedicht ist typisch für Benn: ein unvollständiger, lediglich angefangener Satz, der hier – wie oft in seinen Gedichten – in der ersten Zeile wieder aufgegriffen und weitergeführt wird. Typisch ist auch die Verwendung der Satzzeichen, der berühmten, oft mit Doppelpunkt oder Komma verknüpften Gedankenstriche, die statt der Konjunktionen syntaktisch reduzierte Aussagen darstellen und der Intensivierung der Bilder dienen. Das Gedicht ist in seiner Struktur stärker verbal; es enthält mehrere ebenfalls für Benn charakteristische Fragen, die eine lediglich rhetorische Funktion ausüben und mehr evokativen Charakter tragen. Die Strophen sind regelmäßig gebaut und zeigen das Reimschema ab ba. –

Ähnlich wie in dem Gedicht "Tag, der den Sommer endet" dient die sommerliche Fülle als Hintergrund und Ausgangspunkt. In dem isoliert auftretenden Substantiv "Erfüllungsstunde" (Zeile 2 / Str. 1) und in den Farben "rot" und "golden" werden Fülle und Glanz des hohen Sommers beschworen; in überraschender Kontrastierung folgen die resignierenden Fragen, die keiner Antwort bedürfen: „Doch wo sind deiner

---

[40)] Gottfried Benn, Gedichte. Fischer, a.a.O., S. 281

Gärten Lust?". Das lyrische Ich, hier in der Anrede an sich selbst direkt eingeführt, nimmt eine Position ein, die dem beschworenen Sommerbild entgegensteht. Auch in der zweiten Strophe wird – leicht varriiert – ein ähnliches Verfahren angewendet: wiederum beginnt sie mit dem Benennen der Sommerbilder, – reduzierte Sätze, in denen das Verb ausgespart ist. Zum Unterschied zu Strophe 1 wird der Position des befragten Ich größerer Raum gegeben: Zeile 3 und 4 bilden eine längere Frage, die aber mit der Frage in Strophe 1 im Sinngehalt parallelisiert ist. Noch ausschließlicher als vorher akzentuiert Strophe 3 die Gegen-Position des lyrischen Ich. Die Sprache ist hier syntaktisch verknüpft: Konjunktionen leiten argumentierende Satzfügungen ein. Im Abstand zu der im Sinnbild des Sommers überwältigend empfundenen Fülle des Lebens, das an anderer Stelle als "niederer Wahn" verworfen wird, kommt es zu jenem berühmt gewordenen Bekenntnis zum konstruktiven Geist als dem "Gegenglück", intensiviert noch durch die vorher beschworenen Kontrastbilder des Lebensgenusses, die jene starke Zuspitzung zum Ende hin vorbereiten.

Aber dennoch läßt sich in dieser Entscheidung, die hier aus dem Dualismus von Leben und Geist antithetisch entwickelt wird, der Ton der Melancholie nicht überhören; die Doppeldeutigkeit des Gegenglücks läßt sich auch für den, dem es beschieden ist, nicht ganz auflösen. –

Die Formel vom "Gegen-Glück" begegnet bereits in dem Prosastück "Die Insel" ("Rönne-Novellen"), wo sie neben der Melancholie der Isolation auch schon den Stolz des Dichters auf seine Aufgabe im Dienst der Kunst zum Ausdruck bringt. –

Leben – niederer Wahn [41]

Leben – niederer Wahn!
Traum für Knaben und Knechte,
doch du von altem Geschlechte,
Rasse am Ende der Bahn,

was erwartest du hier?
immer noch eine Berauschung,
eine Stundenvertauschung
von Welt und dir?

Suchst du noch Frau und Mann?
ward dir nicht alles bereitet,
Glauben und wie es entgleitet
und die Zerstörung dann?

Form nur ist Glaube und Tat,
die erst von Händen berührten,
doch dann den Händen entführten
Statuen bergen die Saat.

Schon der zerrüttete Rönne sagt: „Ich will Formen suchen und mich hinterlassen." Die Kunst als letzte metaphysische Tätigkeit innerhalb des europäischen Nihilismus, – diese von Nietzsche übernommene Aussage ist Benns Stichwort geworden. In einem Brief an Arnim Mohler vom 26. XI. 1949 äußert er sich zu diesem alles beherrschenden Thema: „Aber liegt in der Kunst nicht alles allein an der Form, nicht im Inhalt und hat nicht vielleicht unser olympischer Urgroßvater recht, wenn er lehrt: 'vergebens werden ungebundene Geister nach der Vollendung reiner Höhe streben.' Ich erlaube mir, Sie auf einen Vers in den 'Statischen Gedichten' hinzuweisen, der eigentlich mein Bekenntnis zu diesem Thema ist: ..."[42] Es folgt dann die 4. Strophe des o. zitierten Gedichts, dem die Bedeutung eines Bekenntnisses zur Kunst zukommt. Das Leben formend

---

[41] Gottfried Benn, Gedichte. Fischer, a.a.O., S. 278

[42] Gottfried Benn, Das gezeichnete Ich. Briefe aus den Jahren 1900-1956, dtv, S. 114

zu überwinden, das ist die Zentralaussage dieser Verse, die den Charakter eines "Lehrgedichts zum Thema Kunst" tragen. Ohne Zögern beginnt Benn mit der Mitteilung des Hauptthemas: Das "Leben" besitzt für das lyrische Ich keine "Realität" – der Wortbefund "Wahn" und "Traum" gibt darüber Aufschluß. In dem Attribut "niedrig" wird die Sinnlosigkeit des individuellen Lebenslaufes wie auch der Menschheitsgeschichte ("Rasse am Ende der Bahn") zum Ausdruck gebracht. In den beiden Mittelstrophen werden die zeitunterworfenen Erscheinungen des Lebens als "Wahn" entlarvt. In der letzten, sentenzhaften Strophe wird die Gegenstellung der Kunst zum Leben im Sinne eines Bekenntnisses mitgeteilt: Leben und Geist haben kein gleichwertiges Gewicht, – ja, sie schließen einander aus. So verstanden heißt Kunst machen nicht: das Leben sublimieren und steigern, sondern es übersteigen. Das formende Prinzip ist hier eindeutig dem Leben übergeordnet: das ist Benns Credo, das in der letzten Strophe emphatisch zum Ausdruck gebracht wird. In der absoluten Anerkennung des Primats der Form geht es hier darum, der schwindenden Zeit in der Gestaltung Dauer zu schaffen und in der Transzendenz der Form das Leben zu übersteigen.

Ist das nicht schwerer [42)]

Ist das nicht schwerer wie Kummer:
Wände aus Stein und Glas,
Räume zu Essen, zu Schlummer –
trägst du denn das?

Ist dann nicht alles zu Ende,
Schatten aus Felsen, aus Stein
schließen die Tore, die Wände,
schließen dich ein?

Denkst du nicht dann alles Leides,
aller zerstörenden Macht,
wie eines Feierkleides,
wie einer Fackelnacht –,

Abende, reine Vernichtung,
wo im Gartengestühl,
– atemloser Verdichtung –
Abende –, Vorgefühl

jeder Scheidung von Treue,
von verbundendstem Du
dich bedrängen aufs neue
Qualen wachsen dir zu,

Sein ohne Ruhe und Schlummer,
unaufhebbare Not –:
denkst du nicht doch dann der Kummer
wie an ein großes Gebot?

Das Gedicht ist eines der rätselhaftesten aus der mittleren Schaffensperiode Benns; es steht in keiner Anthologie und ist selten besprochen worden. Seines sehr privaten Charakters wegen findet es weniger Interesse. Aber es gehört – was den typischen "Benn-Ton" betrifft – zu den faszinierendsten Gedichten des Autors, so sehr es sich auch jedem Deutungsversuch letztlich entzieht. – Die der Konstruktion nach als

---

[43)] Gottfried Benn, Gedichte. Fischer, a.a.O., S. 283

unvollständige Frage zu bezeichnende Überschrift, in der ersten Verszeile wieder aufgenommen und sinngebend ergänzt, ist vom Dichter nicht als Frage, sondern als Feststellung gemeint; sie wird in den Zeilen 3 und 4 der ersten Strophe veranschaulicht: „Wände aus Stein und Glas / Räume zu Essen, zu Schlummer“. Es ist fast wie die Atmosphäre eines Altersheims, eines Sanatoriums, wo nichts mehr geschieht. Dieser sterilen Vision schließt das lyrische Ich eine echte Frage an, die durch Satzzeichen gekennzeichnet ist: „trägst du denn das?“ Auch die zweite und dritte Strophe und die beiden letzten Zeilen der Schlußstrophe, die partiell die Überschrift wiederholen, sind – zumindest syntaktisch betrachtet – von der Fragekonstruktion bestimmt: sie bewirken jenen schwebenden Rhythmus Bennscher Verse, den unverwechselbaren Tonfall, der seiner Lyrik eignet. –

Angesichts der sterilen Situation der Gegenwart ruft das lyrische Ich die Bilder des "Einst" herauf, ein häufiger Vorgang bei Benn, der sogar in Überschriften mancher Gedichte seinen Ausdruck findet. Diese Bilder evozieren die Kontrastsituation zu dem Hier und Jetzt, in Strophe 3 vergegenwärtigt: Leid und Zerstörungen des "Einst" werden emphatisch in Wörtern wie "Feierkleid" und "Fackelnacht" ins Gedächtnis gerufen. Wenn bis einschließlich Strophe 3 die Sinnzusammenhänge sowohl inhaltlich wie auch syntaktisch noch durchschaubar sind, ist in der unverbundenen Reihung der Substantive der drei letzten Strophen die Aussage rätselhaft verschlüsselt. Gemeint ist augenscheinlich, daß der Zustand der Gegenwart, der zwar komfortablen (Gartengestühl), aber bedrängenden Isolierung (jeder Scheidung von Treue / von verbundendstem Du – Sein ohne Ruhe und Schlummer / unaufhebbare Not) als Kontrastsituation zu den Zeiten gesehen wird, in denen das „große Gebot des Kummers“ die Seele noch aufwühlte und ihr feierlichen Glanz verlieh (Fackelnacht – Feierkleid). Von einer so erklärten lyrischen Position aus könnten sich in dem Gedicht "Der Dunkle" Parallelen finden lassen, weshalb wir das Gedicht zum Vergleich hier einrücken:

Der Dunkle [44]

Ach, gäb er mir zurück die alte Trauer,
die einst mein Herz so zauberschwer umfing,
da gab es Jahre, wo von jeder Mauer
ein Tränenflor aus Tristanblicken hing.

Da littest du, doch es war Auferstehung,
da starbst du hin, doch es war Liebestod,
doch jetzt bei jedem Schritt und jeder Drehung
liegen die Fluren leer und ausgeloht.

Die Leere ist wohl auch von jenen Gaben,
in denen sich der Dunkle offenbart,
er gibt sie dir, du mußt sie trauernd haben,
doch diese Trauer ist von anderer Art.

Auch hier wird dem Leiden, dem großen Kummer, dem Elan und der Leidenschaft des Schmerzes ein Zauber zugesprochen. Trauer wird mit "zauberschwer" assoziiert, Tränenflor mit "Tristanblicken", Leiden mit "Auferstehung", Verlust von Leidenschaft und Elan als "Leere" umschrieben. Sicherlich kann man in beiden Gedichten nicht unbedingt von "Entsprechung" reden, wenngleich deutliche Übereinstimmungen nicht zu übersehen sind. In beiden Gedichten, die wir hier verschränkt betrachtet haben, wird von der einstigen Schwermut des Leidens, des großen Gebots des Kummers gesprochen, jener farbigen Konkretion des Lebendigen, die dem lyrischen Ich in frühen Zeiten noch zugänglich war. In dem Gedicht "Der Dunkle" wird der Titel in den letzten Zeilen in einer rätselhaften Funktion wieder aufgegriffen: Der "Dunkle" verleiht "Gaben" zweideutiger Art. Er bietet "Leere", – wohl jenen Abstand von der Konkretion des Lebendigen, der dem Dichter auferlegt ist („du mußt sie trauernd haben"). Von hier aus kann möglicherweise Licht auf das zuerst betrachtete Gedicht fallen: "Sein ohne Ruhe und Schlummer" – das ist die Gabe des Dunklen, die dem lyrischen Ich zugemessen ist. Sein Schicksal ist das Dasein im "Gegenglück" – im Abstand vom Leben – in absoluter Isolation.

---

[44] Gottfried Benn, Gedichte. Fischer, a.a.O., S. 374

Ein Wort [45)]

Ein Wort, ein Satz –: aus Chiffern steigen
erkanntes Leben, jäher Sinn,
die Sonne steht, die Sphären schweigen
und alles ballt sich zu ihm hin.

Ein Wort –, ein Glanz, ein Flug, ein Feuer,
ein Flammenwurf, ein Sternenstrich –,
und wieder dunkel, ungeheuer,
im leeren Raum um Welt und Ich.

Der lyrische Vorgang ist hier in äußerster Kürze dargestellt: zentrales Thema ist das Dichten selbst, das Wort als Zauberkraft und Mysterium, Wort als Umfang und Inhalt einer bildhaften Vorstellung. Daß es nicht um nominalistische Begriffe geht, erhellt der Ausdruck "Chiffer", der in "Probleme der Lyrik" als "schwarze Letter" definiert wird. Hier wird mit dem Anspruch der Allgemeingültigkeit zum Ausdruck gebracht, was über jeden bloßen Zweck der Verständigung hinaus Sprache als Gestaltungswert bedeutet: Symbol als Zusammenfall von Welt und Seele, von Sinnlichem und Übersinnlichem, – nach Benns Credo die einzige Transzendenz, die dem Menschen "am Ende der Bahn" noch gegeben ist. „Ich sehe die Kunst die Religion dem Range nach verdrängen. Innerhalb des allgemeinen europäischen Nihilismus ... erblicke ich keine andere Transzendenz als die Transzendenz der schöpferischen Lust.“[46)] Daß Benn ein Besessener des Wortes war, wird in vielen seiner Gedichte, Essays und Briefäußerungen deutlich.

Das Zentralmotiv steht ohne Hinführung unvermittelt am Anfang des Gedichts: syntaktisch unverbunden, nur durch den für Benn typisch verwendeten Gedankenstrich verknüpft, werden Wort und Satz als "Chiffern", als Zeichen montiert. Benn sagt zu diesem Begriff in seinem Vortrag "Probleme der Lyrik", daß die vom Dichter gesuchten "Worte" sofort zusam-

---

45) Gottfried Benn, Gedichte. Fischer, a.a.O., S. 304

46) Gottfried Benn, GW, Bd. 4, S. 1064

menrinnen in einer Chiffre, einer stilistischen Figur. Es geht also in dem vorliegenden Gedicht um die Darstellung des Dichtungsvorgangs im Sinne Valérys, der einmal gesagt hat: „Warum sollte man nicht die Hervorbringung eines Kunstwerks ihrerseits als Kunstwerk auffassen."[47] Benn hat über den Vorgang der Hervorbringung von lyrischen Gedichten ausführlich referiert; was im Vortrag reflektiv-theoretisch abgehandelt wird, erscheint im Gedicht in der Fülle der Bilder lyrischer Verdichtung. Spannung entsteht durch die atemberaubende Steigerung der Bilder, die das "Wort" veranschaulichen: "Glanz" – "Feuer" – "Flammenwurf" – "Sternenstrich", die sprachlich den Höhepunkt des Gedichts ausmachen. –

Wenn wir den Aufbau betrachten, so fällt die verkürzte Wiederholung des eigentlichen Themas in isolierter Stellung zu Anfang beider Strophen auf: "Wort", in der ersten Strophe durch "Satz" erweitert. Der Gedankenstrich ersetzt die logisch-syntaktische Verknüpfung mit der folgenden Aussage, er dient so der Konzentration und der Verdichtung. Schon die erste Strophe verkündet in Bildern an Stelle der kosmischen Ordnung, die sich auf die Sonne als Mittelpunkt bezieht, die neue Ordnung des dichterischen Wortes: „und alles ballt sich zu ihm hin" (Str. 1). Ihre Steigerung findet diese bedeutungsvolle Aussage in den o. bereits erwähnten Bildern: die hier beschworenen "Chiffern" sind ohne syntaktische Verknüpfung aneinandergereiht. Ihre Reihung ist jedoch kein Nebeneinander, sondern eine Steigerung zum Höhepunkt. Die Wortwahl bewegt sich im Rahmen kosmischer Erscheinungen, dem hohen "Rang" des Wortes angemessen, das für Augenblicke das Dunkel der entleerten Welt zu erleuchten vermag.

---

[47] Gottfried Benn, GW, ebd., S. 1060

Gedichte [48]

Im Namen Dessen, der die Stunden spendet,
im Schicksal des Geschlechts, dem du gehört,
hast du fraglosen Aug's den Blick gewendet
in eine Stunde, die den Blick zerstört,
die Dinge dringen kalt in die Gesichte
und reißen sich der alten Bindung fort,
es gibt nur ein Begegnen im Gedichte
die Dinge mystisch bannen durch das Wort.

Am Steingeröll der großen Weltruine,
dem Ölberg, wo die tiefste Seele litt,
vorbei am Posilipp der Anjouine,
dem Stauferblut und ihrem Racheschritt:
ein neues Kreuz, ein neues Hochgerichte,
doch eine Stätte ohne Blut und Strang,
sie schwört in Strophen, urteilt im Gedichte,
die Spindeln drehen still: die Parze sang.

Im Namen Dessen, der die Stunden spendet,
erahnbar nur, wenn er vorüberzieht
an einem Schatten, der das Jahr vollendet,
doch unausdeutbar bleibt das Stundenlied –,
ein Jahr am Steingeröll der Weltgeschichte,
Geröll der Himmel und Geröll der Macht,
und nun die Stunde, deine: im Gedichte
das Selbstgespräch des Leides und der Nacht.

Das Gedicht zeigt eine deutliche Nähe zum Goetheschen Ton der Verkündigung; der Anfang der Strophen 1 und 3 bringt unüberhörbar Assoziationen zu "Prooemion": „Im Namen dessen, der sich selbst erschuf". Klassische Formstrenge kennzeichnet die achtzeiligen Reimstrophen, die im Metrum des 5füßigen Jambus an die Gedankenlyrik Goethes und Schillers anknüpfen. Die formelhafte Einleitung der ersten und dritten Strophe gibt der lyrischen Aussage Gewicht und Feier-

---

48) Gottfried Benn, Gedichte. Fischer, a.a.O., S. 300

lichkeit. Die gehobene Stilebene dokumentiert die Überhöhung der gedanklichen Aussage ins Allgemeine. Auffällig ist die Titelgebung im Plural, die das Thema des Gedichts bezeichnet. Auch hier wie in dem lyrischen Beispiel "Ein Wort" ist die Dichtung bzw. die Kunst der Gegenstand der lyrischen Aussage.

Zum Eingang des Gedichts erfolgt die feierliche Anrufung der übergeordneten Instanz, die das Schicksal des Menschengeschlechts bestimmt; das lyrische Ich gibt sich im Selbstgespräch Rechenschaft über den geschichtlichen Augenblick, in dem die Zerstörung des Zusammenhanges der Dinge fraglos erkannt wird. Angesichts dieses Sinnzerfalls folgt bereits das Bekenntnis zur einzig möglichen Dauer im Dahinschwinden der Dinge: zur Kunst („Die Dinge mystisch bannen durch das Wort"). Die 2. Strophe beschwört in Substantiven Sinnbilder der Zerstörung: "Steingeröll" – "Weltruine" und in der letzten Strophe noch einmal "Geröll", die als Leitmotive das Gedicht durchziehen. In der zweiten Strophe wird die These von den zwei Welten: der geschichtlich-religiösen Welt und der Ausdruckswelt der Kunst antithetisch aufgestellt. Es ist Benns Credo, daß beide Bereiche in der gegenwärtigen Weltstunde einander ausschließen. An zwei Versuchen, einmal durch politische Machtgewinnung (Kampf und Niederlage der Stauffer-kaiser) und weiterhin durch das Wagnis im Glauben (Das Leiden Christi auf dem Ölberg), einen sinnvollen Geschichtszusammenhang zu stiften, wird die Vergeblichkeit dieser Bemühungen demonstriert: „Geröll der Himmel und Geröll der Macht" heißt es zusammenfassend in der dritten Strophe. Spätzeitmelancholie drückt sich in der dreifachen Wiederholung des Wortbefundes "Geröll" aus. Umso unerschütterlicher wirkt am Ende die Überzeugung, daß „der sich durch Formung an Bildern und Gesichten vom Chaos differenzierende Mensch" in der Lage ist, seine eigene Ordnung dem Nichts entgegenzustellen. Hier wird das lyrisch entfaltet, was Benn 1932 in seiner programmatischen Akademierede unter der "formfordernden Gewalt des Nichts" verstanden wissen will. –

Verlorenes Ich [49]

Verlorenes Ich, zersprengt von Stratosphären,
Opfer des Ion: Gamma – Strahlen – Lamm –,
Teilchen und Feld –: Unendlichkeitschimären
auf deinem grauen Stein von Notre-Dame.

Die Tage geh'n dir ohne Nacht und Morgen,
die Jahre halten ohne Schnee und Frucht
bedrohend das Unendliche verborgen –,
die Welt als Flucht.

Wo endest du, wo lagerst du, wo breiten
sich deine Sphären an –, Verlust, Gewinn –:
ein Spiel von Bestien: Ewigkeiten,
an ihren Gittern fliehst du hin.

Der Bestienblick: die Sterne als Kaldaunen,
der Dschungeltod als Seins- und Schöpfungsgrund,
Mensch, Völkerschlachten, Katalaunen
hinab den Bestienschlund.

Die Welt zerdacht. Und Raum und Zeiten
und was die Menschheit wob und wog,
Funktion nur von Unendlichkeiten –,
die Mythe log.

Woher, wohin –, nicht Nacht, nicht Morgen,
kein Evoë, kein Requiem,
du möchtest dir ein Stichwort borgen –?
allein bei wem?

Ach, als sich alle einer Mitte neigten
und auch die Denker nur den Gott gedacht,
sie sich den Hirten und dem Lamm verzweigten,
wenn aus dem Kelch das Blut sie rein gemacht,

und alle rannen aus der einen Wunde,
brachen das Brot, das jeglicher genoß –,
oh ferne zwingende erfüllte Stunde,
die einst auch das verlor'ne Ich umschloß.

---

[49] Gottfried Benn, Gedichte. Fischer, a.a.O., S. 309

In diesem wohl bekanntesten Benn-Gedicht gibt der Dichter eine Situationsschilderung der modernen Welt, als dessen scharfer Beobachter er sich erweist. War dem "Ich" die Welt "einst" eine Stätte der Geborgenheit, der Bezogenheit auf eine gemeinsame Mitte, so erscheint sie ihm gegenwärtig als ein Raum unheimlich wirkender Mächte (im Gedicht bezeichnet als "Unendlichkeitschimären", "Stratosphäre", "Ion", "Gammastrahlen", "Teilchen" und "Feld"). Das Vokabular beschwört Erscheinungen, mit denen die moderne Technik rechnet, wenngleich ihre Dimensionen – zu Benns Zeiten noch mehr als heute – außerhalb der menschlichen Vorstellungsmöglichkeiten liegen. Entsprechend der modernen, durch Wissenschaft und Technik bedingten Weltveränderung, beherrscht die wissenschaftliche Fachsprache das lyrische Feld. So gewinnt die begriffliche Sprache Eingang in das Gedicht der Gegenwart, es erfüllt die Forderung, die Benn in seinem Vortrag "Probleme der Lyrik" erhoben hat: „Der Lyriker kann nicht genug wissen, er kann gar nicht genug arbeiten, er muß an allem nahe dran sein, er muß sich orientieren, wo die Welt heute hält, welche Stunde an diesem Mittag über der Erde steht.“[50]

Die wesentliche Aussage des achtstrophigen, von der Zeilenlänge her unregelmäßig gebauten Gedichts im Kreuzreim liegt in dem Mittelpunktsatz "Die Welt zerdacht" (V,1). Die Vorsilbe "zer" (wie ähnlich bei Benn "ver" – "ent") bedeutet Sinnzerfall und Brüchigkeit der Dinge. Auf diese Feststellung nimmt an exponierter Position die letzte Gedichtzeile Bezug, in der der Akzent auf den Adverbien "einst" und "auch" liegt, ebenso wie auf der Vergangenheitsform des Verbs. "Einst" – als beliebtes Kontrastwort zur gegenwärtigen Situation bei Benn häufig – war die Mitte als Maß und Richtung noch gegeben. Die sinntragenden Wörter der vorletzten Strophe "Hirte", "Lamm", "Kelch", "Blut" suggerieren die religiöse Geborgenheit des mittelalterlichen Menschen.

Das späte Ich aber ist ein "verlorenes Ich", wie es bereits die Überschrift thematisiert: es hat die Bindungen zum Mittel-

---

[50] Gottfried Benn, GW, a.a.O., Bd. 4, S. 1087

punkt, zum Religiösen verloren. Der späte Mensch – und darin eben besteht seine "Verlorenheit" – ist absolut auf sich selbst verwiesen, ausgeliefert einer Welt, in der unheimliche Mächte herrschen. Sein Denken – im Gegensatz zu "einst", wo „auch die Denker nur den Gott gedacht" (VII,2) – ist mythenfremd, rational, kausalgenetisch. Wir haben es hier mit einem kulturkritischen Gedicht zu tun: es ist Benns Erfahrung von der Endzeit, jenes in seinem Werk immer wiederkehrende "Spät", das bei ihm sogar als eigene Wortschöpfung substantiviert wird. Es erscheint als Kernwort häufig in seinen Gedichten, ähnlich wie das Wort "einst".

Dem "verlorenen Ich", in eine späte Bewußtseinslage hineingeboren, bleibt nur die Trauer über den Verlust des Sinnzusammenhangs in der klagend ("ach") in das Gedächtnis heraufgerufenen Erinnerung an das "Einst". Dieser Ton der Klage ist im Wortbefund nicht zu überhören. Umso befremdlicher wirkt daher eine Äußerung in der Arbeit von E. M. Lüders, die nach unserer Meinung am Text vorbeigeht: „Das vielzitierte und häufig mißverstandene Gedicht "Verlorenes Ich" erschließt jetzt seinen Sinn. Es ist durchaus nicht – wie manche Interpreten es wollen – das Reuebekenntnis des modernen Menschen, der an seiner technifizierten und entgötterten Welt leidet und der sich nach der Geborgenheit des mittelalterlichen "ordo" und den übersehbaren Dimensionen des thomistischen Denkens zurücksehnt."[51]

Da unsere Position in diesem Punkte der Auffassung der Autorin diametral entgegengesetzt ist, erscheint hier eine Argumentation zu der angesprochenen Frage notwendig. Es handelt sich in dem vorliegenden Gedicht sicherlich nicht um ein "Reuebekenntnis", wie E.M. Lüders formuliert, jedoch schließt das nicht aus, daß es sich sehr wohl um ein "Klagegedicht" handelt, worauf auch der o. bezeichnete Wortbefund hinweist. Benn weiß zweifellos um die "Irreversibilität" aller geistigen Prozesse, was aber die Klage über etwas Dahingegangenes und Verlorenes nicht ausschließt. Daß das Gedicht

---

[51] Eva-Maria Lüders, Das lyrische und das gezeichnete Ich. Zur späten Lyrik G. Benns, in WW 15, 1965, S. 381

"elegisch" aufzufassen ist, suggerieren Worte wie "Verlorenheit", "zerdacht", das alles umfassende "Ach" am Schluß der Evokation des Dahingeschwundenen, die hymnisch klingende Anrede an die vergangene Zeit: "oh ferne zwingende erfüllte Stunde", deren Anruf das Gedicht mit dem Ausdruck der Klage beschließt. "Verlorenheit" – und wir können wohl kaum dieses Wort, entgegengesetzt zu seinem Inhalt, als etwas Positives auslegen – zeigt sich auch in den für Benn charakteristischen Fragen, die das Gedicht durchziehen und die die völlige Desorientiertheit des modernen Ich verdeutlichen.

Der stark substantivische Stil spart das Adjektiv weitgehend aus. Statt syntaktischer Fügung findet sich eine Fülle von Gedankenstrichen, an einigen Stellen mit Doppelpunkten verknüpft, – eine Bennsche Eigenart, die dazu dient, die Aussage zu intensivieren.

Hinweise und Worterklärungen

Stratosphäre: Schicht der Atmosphäre, ca. 60-70 km reichend

Ion: elektrisch geladenes Teilchen von der Größe der Atome

Gammastrahlen: radioaktive Strahlung von äußerst kurzer Wellenlänge

Teilchen: kleinste Materieeinheiten mit elektromagnetischer Ladung

Feld: der Raum, in dem sich eine physikalische Größe von Punkt zu Punkt ändert

Schimäre: feuerspeiendes Fabeltier der griechischen Sage, danach Phantasiefigur der gotischen Kunst

Notre Dame: hier die Kathedrale von Paris, daran außen die berühmten Schimären, Teufels- und Fabelfiguren, die das Böse symbolisieren, um es so außerhalb des geweihten Raumes festzuhalten

Kaldaunen: *Vormagen des Rindes, allgemein für Eingeweide gebraucht*

Katalaunen: Wortneubildung Benns: Anspielung auf die Hunnenschlacht 451 auf den Katalaunischen Feldern.

Mythe: allgemeine vorgeschichtliche Vorstellungen der Menschheit von der Weltschöpfung, von Göttern und Helden

Evoë: Jubelruf bei den Festen des Dionysos

Hirt – Lamm: Symbole für die Gestalt Christi

Kelch – Blut – Wunde – Brot: Anspielungen auf Abendmahl und Opfertod Christi

Mittelmeerisch [52)]

Ach, aus den Archipelagen,
da im Orangengeruch
selbst die Trümmer sich tragen
ohne Tränen und Fluch,

strömt in des Norden Düster,
Nebel – und Niflheim,
Runen und Lurengeflüster
mittelmeerisch ein Reim:

Schließlich im Grenzenlosen
eint sich Wahrheit und Wahn,
wie in der Asche der Rosen
schlummert der Kiesel, Titan,

dein aber ist das Schreiten,
dein die Grenze, die Zeit,
glaube den Ewigkeiten,
ford're sie nicht zu weit,

aus ihrer halben Trauer,
rosen- und trümmerschwer,
schaffe den Dingen Dauer –,
strömt es vom Mittelmeer.

Auch dieses in regelmäßiger Strophenform mit Kreuzreim gebaute Vierzeilergedicht ist wie fast alle Benn-Gedichte bestechend einfach, wenngleich es sich hier um eine Art Lehrgedicht handelt, das in einer Verknüpfung von Bild und Reflexion eine Absage an das grenzenlose Weltbild der Moderne zugunsten des klassischen Maßes in der Kunst enthält.

In der Vorstellungswelt Benns spielt das Motiv der Südsehnsucht, das "südliche Wort" schon seit seinen frühesten Werken eine besondere Rolle. Der Autor des 20. Jahrhunderts schließt sich damit an die Reihe der Dichter des 19. Jahrhunderts an, in deren Leben und Werk dieses Motiv eine einschneidende Bedeutung hatte, wenn auch in unterschiedlicher Weise und von verschiedenen Aspekten aus. Man kann sicher nicht in Benns "Südkomplex" eine unbedingte Parallele zu Goethes klassischem Heimat-Land ziehen: bei Benn ist zudem der südliche Bereich um das Mittelmeer erweitert durch Afrika und Asien. Dennoch bedeutet das "südliche Wort" – ähnlich wie zu Beginn des 19. Jahrhunderts – den Durchbruch zur "Form", der mittels der "südlichen Zermalmung" gelingt. In dieser im Geiste verwirklichten Landschaft des Südens, wie sie im vorliegenden Gedicht erscheint, wird der Durchbruch zur Form als Begrenzung verkündet: er wird gefordert in jenem stark hervorgehobenen Imperativ: „glaube den Ewigkeiten, / ford're sie nicht zu weit,". Das Gedicht veranschaulicht diesen Vorgang an den Bildern, wie sich die zertrümmerten und sich verflüchtigenden Elemente ("Trümmer" und "Orangengeruch") dem Anspruch der Form untergeordnet und in dem höheren Ausgleich der "Dauer" gefunden haben. Jedoch werden die nordische Grenzenlosigkeit und die südliche Begrenzung nicht als absoluter Gegensatz empfunden, was sowohl in Strophe 3 wie auch in Strophe 4 zum Ausdruck gebracht wird. Wie der nordische ins Grenzenlose vorstoßende Erkenntnistrieb im klassischen Maß des Reimes („mittelmeerisch ein Reim") gebunden wird, so gibt es – laut Strophe 4 – im Grenzenlosen einen Punkt, wo sowohl klassisches Maß wie vordringende Geistigkeit des Nordens

---

52) Gottfried Benn, Gedichte. Fischer, a.a.O., S. 307

zusammenfallen könnten, wie der Ausspruch in Strophe 3 auszusagen scheint: „Schließlich im Grenzenlosen / eint sich Wahrheit und Wahn“, obwohl auch in diesen Zeilen ein Rest von Ratlosigkeit zurückbleibt. Befragen wir dazu den Dichter selbst, der in einem Brief an Oelze vom 19. IV. 1943 zum Gedicht “Mittelmeerisch” folgendes ausführt: „Hinzufügen möchte ich, daß tatsächlich in den Rückständen der roten Rosen ein kieselhartes Element: Titan gefunden wird und daß der letzte Vers eine Vertauschung der 4. und der 2. Strophe zuließe, ...“[53] Das Rosenmotiv gehört in den Umkreis "südlicher Zermalmung"; in äußerster Gegensätzlichkeit dazu steht der Kiesel in seiner Härte; Dauer und Vergänglichkeit wird in diesem Bild begrenzt und veranschaulicht. Wenn der Dichter der "Rönne-Novellen" die Form noch ausschließlich als ein Geschenk des Südens ansah, wird hier – zumindest in einem imaginären Punkt – das Ausschweifende des Nordens miteinbezogen, wie o. bereits angemerkt. Formwerdung („schaffe den Dingen Dauer“) ist die eigentliche Aufgabe des Menschen. Die tragische Erfahrung alles Seienden, die in dem Nebeneinander von Glücksmomenten und Zerstörung in dem Bildmotiv "rosen- und trümmerschwer" in ihrer "halben Trauer" zum Ausdruck kommt, kennt nur einen Ausweg: die "Transzendenz der Form". Nur das Kunstwerk kann das Schwindende in der Zeitlosigkeit bewahren.

E. M. Lüders weist darauf hin, daß das Griechentum, von dem Benn fasziniert ist, nichts mit jenem unverlierbaren Besitz an Errungenschaften und Idealen zu tun habe, die das Abendland als die Grundlage seiner Kultur betrachtet. „Benn sieht im Griechentum das ‘Primäre‘, einen Vorgang geistiger Urzeugung, der für Augenblicke Schönheit, Form, Wahrheit, erfülltes sinnvolles Leben hervorbringt, der aber jeweils auf sich selber angewiesen ist und gleichsam außerhalb der geschichtlichen Zeit besteht.“[54] Daraus folgt für den Dichter des 20.

---

[53] Benn an Friedrich Oelze, 19. April 1943, zit. bei Heimeran, Dichter über ihre Dichtungen, G. Benn, a.a.O., S. 78.

[54] Eva-M. Lüders, Das lyrische und das gezeichnete Ich. Zur späten Lyrik G. Benns. In: Wirkendes Wort, 15. Jg. 1965, S. 376.

Jahrhunderts, daß der primäre schöpferische Akt künstlerischer Gestaltung – außerhalb aller Kulturkreise – von ihm in ebenderselben ursprünglichen Weise vollzogen werden kann wie von dem Schöpfer griechischer Kunst.

Aus "Gesammelte Gedichte II"

Einst [55]

Einst, wenn der Winter begann,
du hieltest von seinen Schleiern,
den Dämmerdörfern, den Weihern
die Schatten an.

Oder die Städte erglommen
sphinxblau an Schnee und Meer –,
wo ist das hingekommen
und keine Wiederkehr.

Alles des Grams, der Gaben
frühher in unser Blut – :
wenn wir gelitten haben,
ist es dann gut ?

Das vorliegende Gedicht gehört zu den weniger beachteten lyrischen Stücken Benns. Es ist ebenso faszinierend im Rhythmus wie in der Knappheit und Intensität der Bildersprache, in der sich Aussage- und Fragesätze die Waage halten. Mehr noch als in den zahlreichen Gedichten mit ähnlichen Konstruktionen enthüllen hier die Fragen, die ohne Antwort bleiben, Geheimnis und Trauer verlorener Gewißheit. Das Ganze wirkt wie "vor sich hingesprochen"; Bild und Reflexion sind eine Einheit.

---

[55] Gottfried Benn, Gedichte. Fischer, a.a.O., S. 251.

Das dreistrophige Gedicht zeigt eine innerhalb der Strophe regelmäßige, von Strophe zu Strophe aber veränderte Reimform (1. Str.: Reimschema abba; 2. u. 3. Str.: Reimschema abab). Als Überschrift erscheint ein Zeitadverb wie häufig bei Benn ("Erst – dann"; – "Erst – wenn"; "Spät" – "Wie lange" und das berühmte "Dann"). Die erste Zeile von Str. 1 nimmt in der syntaktisch ungewöhnlichen Wendung "Einst, wenn ..." den Titel wiederholend auf. Sie enthält die Zeitbestimmung des längst Vergangenen zugleich mit der jahreszeitlichen Einordnung in den Winterbeginn. Der Hinweis auf den räumlichen Bezug zu Dörfern mit ihren verschatteten Weihern läßt auf den biographischen Hintergrund der Kindheit schließen. Auffällig ist die Wortschöpfung "Dämmerdörfer", die die Schilderung stark zusammenrafft, – bemerkenswert auch, daß das lyrische Ich hier in der Anrede des "Du" sich selbst gegenüber steht. E. Buddeberg sieht darin eine Art von "Sich-selbst-Distanzieren, die gelegentlich durch Einbeziehung in das Pronomen "wir" in dieser Hinsicht noch einen Schritt weitergeht."[56] Das geschieht in diesem Gedicht in der Schlußzeile: "wenn wir gelitten haben, ...".

In der 2. Strophe begegnen wir jenen Bildern und Farben, die Benns gesamte Lyrik durchziehen: das "Meer" als Urgrund des geheimnisvollen Südens, dem die Farbe "Blau" als Südwort schlechthin zugeordnet ist. Typisch für Benn ist auch die eigenwillige Wortschöpfung und Wortkombination "sphinxblau", die den Charakter des Geheimnisvollen und Rätselhaften suggeriert. Das lyrische Ich ist dem Geheimnis, dem Unauflösbaren leidend verpflichtet.

Ausgangspunkt des lyrischen Vorgangs ist die Rückschau in die Vergangenheit – "einst" –, mit der das Motiv der Finalität des Geschenkten und Erlittenen ("Gaben" und "Gram") verknüpft ist. Die Zeitbestimmung "einst" wird in dem sinnentsprechenden "frühher" in der letzten Strophe wieder aufgegriffen; es wirkt hier leitmotivisch. Verknüpft mit der Trauer über das Dahinschwinden der Dinge, wie sie vor allem die

---

[56] vgl. Else Buddeberg, Studien zur lyrischen Sprache Gottfried Benns. Pädagog. Verlag Schwann, S. 23

Lyrik des späteren Benn durchzieht, wird die Frage nach dem Sinn aller Erscheinungen gestellt und in Str. 3, Z. 3/4 in jenem Schwebezustand der Antwortlosigkeit belassen, der zu den ergreifendsten Gedichtschlüssen Benns überhaupt gehört. Auffallend ist die Verknüpfung des Leidens mit der Sinnfrage, – eine Kombination, die in Benns dichterischer Konzeption von besonderer Bedeutung ist. Auch hier bleibt die Schlußfrage unbeantwortet; die Kraft des Glaubens herrscht nirgends.

Das Reimschema des aus drei Vierzeilern bestehenden Gedichts ist unterschiedlich: abba (Str. 1) wechselt mit abab (Str. 2 u. 3). Die ersten beiden Strophen sind syntaktisch regelmäßig, soweit noch Verbalformen vorhanden sind; in den Anfangszeilen der letzten Strophe findet sich eine unverknüpfte Reihung von Substantiven. Die für Benn typischen Satzzeichen von Doppelpunkt und Gedankenstrich verdeutlichen das nicht Abgeschlossene der Schlußaussagen.

Auf deine Lider' senk ich Schlummer [57)]

Auf deine Lider senk' ich Schlummer,
auf deine Lippen send' ich Kuß,
indessen ich die Nacht, den Kummer,
den Traum alleine tragen muß.

Um deine Züge leg' ich Trauer,
um deine Züge leg' ich Lust,
indes die Nacht, die Todesschauer
weben allein durch meine Brust.

Du, die zu schwach, um tief zu geben,
du, die nicht trüge, wie ich bin, –
drum muß ich abends mich erheben
und sende Kuß und Schlummer hin.

---

57) Gottfried Benn, Gedichte. Fischer, a.a.O. S. 280

Wenn das Liebesgedicht herkömmlicher Art seinem Wesen nach an jemand gerichtet ist, so dokumentiert sich am vorliegenden Beispiel geradezu Benns abweichende Meinung in dieser Hinsicht. Gedichte, so identifiziert er sich mit der Auffassung des Amerikaners Richard Wilburn in seinem Vortrag "Probleme der Lyrik" seien „an niemanden gerichtet"[58]. Dennoch handelt es sich hier um ein Liebesgedicht eben Bennscher Prägung: es enthält auf eine exemplarische Weise gerade das, was seine Beziehung zu einem Du im Gefühlsbereich der Liebe ausmacht und was sie gleichzeitig begrenzt. Die Liebe, wie er sie kennt, ist kein Aufgehen des "Ich" im "Du", sie ist für das lyrische Ich letzten Endes monologisch. So heißt es in dem "An –" betitelten Gedicht in der ersten Strophe:

An der Schwelle hast du wohl gestanden,
doch die Schwelle überschreiten – nein,
denn in meinem Haus kann man nicht landen,
in dem Haus muß man geboren sein.

Auf radikale Weise wird hier die Geschiedenheit des lyrischen Ichs von einem noch so vertrauten Du thematisiert, was in der zweiten Strophe dieses Gedichts noch drastischer zum Ausdruck kommt:

Sieht den Wanderer kommen, sieht ihn halten,
wenn ihn dürstet, wird ein Trank geschänkt,
aber einer nur, dann sind die alten
Schlösser wieder vor- und eingehängt.

Weniger kühl, vielmehr als eine tieftragische Erfahrung wird die Liebesbeziehung in dem o. zitierten Gedicht "Auf deine Lider ..." dargestellt. Hier wird nicht nur die vom Ich geforderte Unbehelligung durch jede Bindung an ein Du "selbstsüchtig" (wenn im Bereich der dichterischen Existenz von Selbstsucht im üblichen Sinne überhaupt die Rede sein kann!) verlangt, sie wird darüber hinaus in ihrem tiefen, im Wesen der Dinge liegenden Geschiedensein erlitten, als ein "Bei-sich-sein-müssen", weil das Du in seiner gewichtlosen Existenz die

---

[58] Gottfried Benn, GW, a.a.O., Band 4, S. 1066

Tiefe und Einsamkeit des schöpferischen Ichs weder begreifen noch ertragen kann. Daher widersprechen wir Nef, wenn er im Hinblick auf die hier gestaltete Liebesbeziehung von einer "Kluft von Kälte" spricht, die den Dichter von der Geliebten trenne, und damit Trauer über die Unvereinbarkeit von Ich und Du sehr klischeehaft mit Indifferenz verwechselt. Noch weniger einleuchtend erscheint es uns, wie er die tragische Erfahrung des schöpferischen Ichs als lediglich ästhetischen Genuß interpretiert, wenn er an gleicher Stelle sagt: „Die Liebe, wie er sie kennt, ist keine Begegnung zwischen Ich und Du, sondern allein ein reines Gefühl des Ich, ein ästhetisches Genießen."[59] Das gilt in der hier verengten Sicht nicht für dieses Gedicht, in dem Resignation und Trauer über dieses Geschiedensein zum Ausdruck gebracht werden. – Zu den auffallendsten Stilmitteln dieses Gedichts gehören die häufigen Wiederholungen, die jeweils in den ersten Strophenzeilen stehen und dem Ganzen eine ebenso einfache wie geschlossene Form verleihen.

---

[59] Ernst Nef, Das Werk Gottfried Benns. Zürich (Arche) 1958, S. 112

Reisen [60]

Meinen Sie Zürich zum Beispiel
sei eine tiefere Stadt,
wo man Wunder und Weihen
immer als Inhalt hat?

Meinen Sie, aus Habana,
weiß und hibiskusrot,
bräche ein ewiges Manna
für Ihre Wüstennot?

Bahnhofsstraßen und rue'en,
Boulevards, Lidos, Laan –
selbst auf den fifth avenue'en
fällt Sie die Leere an –

ach, vergeblich das Fahren!
Spät erst erfahren Sie sich:
bleiben und Stille bewahren
das sich umgrenzende Ich.

Dieses spätere Gedicht ist nicht zuletzt wegen seiner Kürze und Prägnanz des Ausdrucks bekannt und populär geworden. Es ist regelmäßig gebaut und zeigt durchweg das Schema des Kreuzreims. Auffällig ist hier die konventionelle Ansprache des Lesers: "Sie" als gesellschaftlich gebräuchliche Anredeform. Die Sprechweise bewegt sich im Stil alltäglicher Unterhaltung; man spricht in einem solchen Fall von Benns "Parlando-Stil". Der Rhythmus erhebt sich kaum über den prosaischen Ausdruck eines beiläufig geführten Zwiegesprächs. Jedoch wird durch die konventionelle Anrede "Sie" statt des in der lyrischen Sprache herkömmlich gebrauchten "Du" eine gewisse Distanz geschaffen, die durch die halb ironische, halb melancholische Tonart des sprechenden Ichs noch stärker hervortritt. Ironie liegt z.B. in der Frage, ob man wirklich vom lokalen Wechsel eine Lebenswende erwarten kann; ironisch wirkt auch die saloppe, sprachlich nachlässige Behandlung der

---

60) Gottfried Benn, Gedichte. Fischer, a.a.O., S. 384

internationalen Straßennamen in ihrer ungrammatischen Verschränkung der grammatischen Formen. Jedoch hat diese ironische Tonart in echt Bennscher Manier einen melancholischen Unterton, nicht zuletzt durch das einleitende "ach" zu Beginn der letzten Strophe. –

Die Überschrift, ohne diesmal wie sonst häufig, eine Aussage zu machen, gibt nur das Thema an. Strophe 1 und 2 bestehen jeweils aus einer auf das Thema bezogenen Frage, mit gleichem Wortlaut am Zeilenanfang. Jedoch ist trotz Konstruktion und Zeichensetzung der echte Fragecharakter verwischt; hier geht es um rhetorische Fragen und jeder weiß: die Antwort lautet "nein". Diese lapidaren Suggestivfragen der ersten beiden Strophen enthalten gewissermaßen schon die Antwort, die dann in den folgenden Strophen expressis verbis gegeben wird. In den beiden ersten Strophen wird in ironisch dialektischem Spiel das Klischee der Reisethematik abgehandelt und gewissermaßen sogleich ad absurdum geführt. Sinnbildlich für Leere und geistigen Hunger, Stigmata des modernen Menschen, stehen hier "Wunder", "Weihen" und "Manna" gegenüber "Wüstennot". Der Dichter verwendet lokale Assoziationen zur Umschreibung der Situation: Der zu Beginn eingeführte Topos "Zürich" kann ganz allgemein als Chiffre einer Großstadt aufgefaßt werden, als Touristenattraktion gewissermaßen. Auffällig ist in beiden Strophen der Gebrauch des Irrealis, bemerkenswert auch der Komparativ "tiefere Stadt", der eine mögliche Vorüberlegung in reduzierter Weise suggeriert. In der zweiten Strophe wird neben "Zürich" ein exotisches Lokal der Touristik genannt: die cubanische Hauptstadt "Habana" mit den nachgestellten Farbadjektiven "weiß und hibiskusrot", die die nominale Aussage anschaulich verstärken. In der dritten Strophe werden in unverbundener Reihung berühmte Straßenbezeichnungen bekannter Großstädte aufgezählt; diese Reihung unterstreicht den Tatbestand, daß auf jeder Großstadtstraße die gleiche Erfahrung der Leere wartet. Beachten wir das dynamische Verb "anfallen" am Ende der dritten Strophe; der hier verwendete Gedankenstrich hält die Aussage in der Schwebe und bereitet das gefühlsgeladene Eingangswort der vierten Strophe vor. Deutlich leitet der Ausruf "ach" eine veränderte Tonart ein: die kühl-ironisierende Sprechweise der ersten Strophen weicht dem resignierenden Ernst der Schlußformel, die, in der Art eines Lehrsatzes, die letzte Erfahrung des Ichs verkündet.

Im Mittelpunkt der ersten beiden Zeilen von Strophe 4 steht das dialektische Spiel von "fahren" und "erfahren", in welchen Begriffen Benn keinen Zusammenhang gelten läßt. Das letzte Wort des Gedichts setzt der extrovertierten Lebensform des Reisens das Bewahren des sich umgrenzenden Ichs entgegen. Dies ist die Grundthematik der Bennschen Lyrik: die Antithese von Ich und Welt, wie sie in dem 1954 entstandenen Gedicht "Melancholie"[61] ähnlich ausgedrückt wird:

> Du mußt aus deiner Gegend alles holen
> denn auch von Reisen kommst du leer zurück,
> verläßt du dich, beginnen Kapriolen
> und du verlierst dir Stück um Stück.

---

[61] Gottfried Benn, Gedichte. Fischer, a.a.O., S. 445

Menschen getroffen [62]

Ich habe Menschen getroffen, die,
wenn man sie nach ihrem Namen fragte,
schüchtern, als ob sie gar nicht beanspruchen könnten,
auch noch eine Benennung zu haben –
"Fräulein Christian" antworteten und dann:
"wie der Vorname", sie wollten einem die Erfassung erleichtern,
kein schwieriger Name wie "Popiol" oder "Babendererde" –
"wie der Vorname" – bitte, belasten Sie Ihr Erinnerungs-
vermögen nicht!

Ich habe Menschen getroffen, die
mit Eltern und vier Geschwistern in einer Stube
aufwuchsen, nachts, die Finger in den Ohren,
am Küchenherde lernten,
hochkamen, äußerlich schön und ladylike wie Gräfinnen –
und innerlich sanft und fleißig wie Nausikaa,
die reine Stirn der Engel trugen.

Ich habe mich oft gefragt und keine Antwort gefunden,
woher das Sanfte und das Gute kommt,
weiß es auch heute nicht und muß nun gehn.

"Menschen getroffen" gehört zu den ganz späten Gedichten Benns (1955); charakteristisch ist der für viele Gedichte des Autors typische Parlando-Stil, der besonders deutlich in den Dialogfetzen der ersten Strophe zum Ausdruck kommt. Der Gegenstand, im Titel bruchstückhaft angedeutet, ist der Typus des zaghaften, demütig bescheidenen Menschen, der in zwei Situationen veranschaulicht wird: einmal in seinem Verhalten in der Alltagssituation gesellschaftlicher Vorstellung und zum andern mit Blick auf das soziale Umfeld, das Aufwachsen und den verborgenen Leistungswillen in schwierigem Milieu. Der Schlußteil bringt die Reflexion des Dichters über die Herkunft des von diesem Menschentyp ausgehenden "Sanften und Guten". Ein ungewöhnliches Thema wird hier in

---

[62] Gottfried Benn, Gedichte. Fischer, a.a.O., S. 473

einer seltsam gebrochenen Sprache dargestellt, insofern als die Entfaltung des lyrischen Vorgangs in der Kontrastsituation von hyperbolischen Vergleichen ("Gräfinnen" – "Nausikaa" – "Engel") und alltäglichen Ausdrücken und Wendungen vor sich geht, was ein mögliches Aufkommen von Sentimentalität im Keim erstickt. Das bewirkt auch schon die lyrische Sprache, die, wenn auch rhythmisch geformt, doch durchaus der Prosa nahesteht. Der in Dialogfetzen aufgelöste Sprachvorgang kennzeichnet in Strophe 1 den schüchternen Menschentyp in seiner zwischenmenschlichen Abhängigkeit. In Strophe 1 handelt es sich um ein einziges, durch Relativsätze und durch jede Art von Gliedsätzen ausgeweitetes Satzgefüge, zerstückelt durch die Redeelemente. Einfügungen und Zusätze erklären und deuten die direkte Rede. Die zweite Strophe ist weniger kompliziert gebaut: die dargebotene Situationsschilderung erscheint in einem Relativsatz, der mit einer Reihung von mehreren Prädikaten ausgeweitet ist.

Die wesentliche Aussage des lyrischen Ichs liegt in der Reflexion der drei Schlußzeilen, die in den vorherigen Situationsschilderungen vorbereitet wird und sich folgerichtig daraus ergibt. Die indirekte Frage nach der Herkunft des "Guten" und des "Sanften" ist zwischen die Prädikate des Hauptsatzes eingefügt: "gefragt" – "keine Antwort gefunden" – "weiß ... es nicht" – "muß nun gehn". Durch die dreifache Betonung des Nicht-Wissens wird die Rätselhaftigkeit dieser Herkunft betont. Staunen und Verwunderung erfüllen das lyrische Ich schon im Verlauf des Gedichts; sie finden ihren Höhepunkt in dem ergreifenden Schlußbekenntnis der letzten drei Verse. –

Aus der Sammlung "Aprèslude"

Ebereschen [63)]

Ebereschen – noch nicht ganz rot
von jenem Farbton, wo sie sich entwickeln
zu Nachglut, Vogelbeere, Herbst und Tod.

Ebereschen – noch etwas fahl,
doch siehe schon zu einem Strauß gebunden
ankündigend halbtief die Abschiedsstunden:
vielleicht nie mehr, vielleicht dies letzte Mal.

Ebereschen – dies Jahr und Jahre immerzu
in fahlen Tönen erst und dann in roten
gefärbt, gefüllt, gereift, zu Gott geboten –
wo aber fülltest, färbtest, reiftest du – ?

Hier wird ein Lieblingsmotiv Benns aufgegriffen; wir finden den Topos "Ebereschen" bereits in seiner frühexpressionistischen Lyrik. In dem Gedicht "Schnellzug" taucht er als grellexpressionistisches Bild auf: „Das Rot der Ebereschen hat schon Blut"; ähnlich mit Herbstvorstellungen verbunden in den Versen "September": „Du, ebereschenverhangen / von Frühherbst".

Eine Stelle aus einem Brief des Dichters an Astrid Claes vom 22. September 1954 läßt die Faszination erkennen, die dieses Spätgedicht auf die Leser ausgeübt hat: „Das Ebereschengedicht hat mir viel Anbetungsschriften eingebracht ...". Es wird beherrscht von einer Atmosphäre der Zwischentöne, wie sie in den Farbnuancen "noch nicht ganz rot" – "noch etwas fahl" zum Ausdruck kommt und damit zum sichtbaren Symbol wird für den jahreszeitlichen Augenblick des Abschieds im menschlichen Leben („ankündigend halbtief die Abschiedsstunden"). Der besondere Reiz liegt auch in der ungewöhnlichen Zartheit der Aussagen, in den gedämpften Farben der Bilder, die Vergehen und Abschied suggerieren, in den schwe-

---

63) Gottfried Benn, Gedichte. Fischer, a.a.O., S. 451

benden Fragen, die ohne Antwort bleiben. „Die Frage leistet somit hier, was keine Aussage, kein Glaube mehr tun kann: sie überwindet das Nichts.“[64]

In dreifachem Ansatz wird das Wort "Ebereschen" stimmungssuggestiv an den Anfang der drei unregelmäßig langen Strophen gestellt, wobei das Wort jeweils durch den Gedankenstrich von den folgenden syntaktisch getrennt wird. Der Gedankenstrich steht hier nicht nur zur Verkürzung des Satzes, sondern bewirkt eine rhythmische Verhaltenheit der lyrischen Aussage, die angesichts des Topos "Ebereschen" die nachfolgenden Bilder des Herbstes evoziert. Intensivierend wird – durch das jeweils nachgestellte Attribut – das Mittel der Wiederholung eingesetzt; die Anfangszeilen der beiden ersten Strophen entsprechen sich durch die farbliche Stimmung des Reizwortes "Ebereschen". In den Zeilen 3 und 4 der zweiten Strophe wird mit dem Wort "Abschiedsstunden" der Bezug zu der Vorstellung "Tod" in der Schlußzeile der ersten Strophe hergestellt. Beherrschend sind hier die Themen des Hinschwindens, die Melancholien des Abschieds, die in den immer wieder aufgegriffenen Formeln "vielleicht nie mehr" – "vielleicht dies letzte Mal" beschworen werden. Erst in der letzten Strophe erscheint die Anrede "Du", in der sich das Ich gewissermaßen in Distanz sieht. Sie steht am Schluß und damit an gewichtiger Stelle, konfrontiert mit der in der Lyrik Benns immer wieder auftauchenden Sinnfrage, die ohne Antwort bleibt. Nicht allzu oft ist das Wort "Gott" in dieser Dichtung zu finden. Der Dichter zögerte, es zu gebrauchen, konnte sich aber auch nicht entschließen, es zu streichen, wie er in einem Brief an Astrid Claes bekannte: „... aber mir fiel die Reihe 'zu Gott geboten' schwer und ich zögerte sie zu lassen.“[65] Aus dieser Briefstelle ist keine tiefere Bedeutung des hier verwendeten religiösen Begriffes abzuleiten.

---

[64] Corona Schmiele, Die räumliche Frage in der Lyrik Gottfried Benns. In: Gottfried Benn. Hrsg. v. Hillebrand, Wissenschaftl. Buchges. Darmstadt 1979, S. 374

[65] zit. nach: Dichter über ihre Dichtungen. Gottfried Benn. Heimeran/ Limes, S. 219

Letzter Frühling [66]

Nimm die Forsythien tief in dich hinein
und wenn der Flieder kommt, vermisch auch diesen
mit deinem Blut und Glück und Elendsein,
dem dunklen Grund, auf den du angewiesen.

Langsame Tage. Alles überwunden.
Und fragst du nicht, ob Ende, ob Beginn,
dann tragen dich vielleicht die Stunden
noch bis zum Juni mit den Rosen hin.

"Letzter Frühling" wurde als vorletztes Gedicht in den Band "Aprèslude" aufgenommen. Benn macht in einem Brief an Marguerite Schlüter (23. Mai 1955) zu diesem Gedicht eine persönliche Bemerkung, die im Hinblick auf die Grundstimmung der Verse aufschlußreich ist: „Haben Sie noch eine Seite für dies kleine Gedicht? Es ist zart und traurig und paralysiert vielleicht einige von den harten und schnöden.“[67] "Zart und traurig", – das trifft den Ton dieser Alterslyrik, die ein Jahr vor des Dichters Tod entstanden ist. Benn spricht von einem "kleinen" Gedicht, vor allem wohl auch wegen seiner Zartheit und Stille. Es ist zudem ohne programmatische Aussage; kein reflexives Element stört die Reihung der Bilder. Der Höhepunkt der versinkenden Trauer liegt in dem Wort "vielleicht", das dem Alternden als wehmütige Einschränkung der Frühlingshoffnung beigegeben ist. Die wenigen Dinge der Außenwelt, die hier unter dem Zeichen des Hinschwindens genannt werden, vermischen sich mit dem Inneren des Ichs, mit dem "dunklen Grund, auf den du angewiesen" und spiegeln die Melancholie, die angesichts der nahen Grenze den alternden Menschen im Blick auf die Jahreszeiten überfällt. Resignation und Ergebung sind hier gleichsam Voraussetzungen für das Erlebnis der Rosen, die wie in vielen Gedichten Benns als tragisches Sinnbild flüchtiger und vergänglicher Schönheit gesehen werden. Sie vergegenwärtigen zugleich die Thematik des

[66] Gottfried Benn, Gedichte, a.a.O., S. 471

[67] zit. nach: Dichter über ihre Dichtungen, Gottfried Benn, a.a.O., S. 221

Abschieds, die der alternde Benn in so ergreifenden Versen wie in den folgenden in lyrische Sprache umgesetzt hat:

> Du blühst wie Rosen schwer in Gärten allen,
> Du Einsamkeit aus Alter und Verlust“ [68)]

Das Rosenmotiv in seiner Vermischung von Schönheit und Trauer beherrscht sein lyrisches Werk schon seit der frühexpressionistischen Periode: "Rosen", das ist Sinnbild des schönen, aber anfälligen Zaubers menschlichen Glücks, das trotz der harten Entscheidung des Dichters für das "Gegenglück" seine Faszination für ihn nie verloren hat. In dem vorliegenden unvergleichlichen Spätgedicht ist "Glück" und "Elendsein" verschränkt und verwoben in dem "dunklen Grund, auf den du angewiesen". Immer wieder werden Rosen als Chiffren der Todbedrohung alles Menschlichen gesehen; ihr Blühen suggeriert zugleich Schönheit und Untergang, in diesem Gedicht als Lebensabschied deutlich akzentuiert. Ein nur leise betonter Imperativ beherrscht syntaktisch die erste Strophe des Gedichts, das nach dem Schema des Kreuzreims gebaut ist. Bemerkenswert ist die Anrede "Du", in der das Ich sich – leicht distanzierend – anspricht. Die erste Zeile von Str. 2 in ihrer Reihung von bloßen Satzfetzen läßt kein Steigen und Hoffen zu, nur noch ein Sinken und Fallen in Ergebung und Stille. Zu dem Rosenmotiv tritt in der endzeitlichen Vorstellung die adverbiale Bestimmung "noch bis zum Juni", in Ungewißheit gehalten durch das Wort "vielleicht". Die schwebende, unvergleichlich suggestive Stimmung der Abschiedsmelancholie hat gelegentlich Musiker zu Kompositionen angeregt. Wir fügen unserer Interpretation ein Particell einer Komposition dieses Benn-Textes bei, da in ihr der typische Benn-Ton in kongenialer Weise getroffen wird.

[68)] Gottfried Benn, Gedichte. Fischer, a.a.O. S. 305 ("Abschied")

Letzter Frühling
(Gottfried Benn 1955)
Sehr ruhig und gehalten
Nimm die For - sy - thi - en
tief — in dich hin - ein — und wenn der Flie - der kommt, ver-
misch auch die - sen mit dei - nem Blut und Glück und
E - lend - sein dem dun - klen Grund auf den die an - ge

Wie
lang-sa-me Ta-ge
und fragst du
nicht
ob

tra - gen dich viel -
leicht — die Stun-den
noch bis zum Ju - ni
mit den
Ro - sen
p
8va
ff
rit.
pp

Kann keine Trauer sein [69]

In jenem kleinen Bett, fast Kinderbett, starb die Droste
(zu sehn in ihrem Museum in Meersburg),
auf diesem Sofa Hölderlin im Turm bei einem Schreiner,
Rilke, George wohl in Schweizer Hotelbetten.
In Weimar lagen die großen schwarzen Augen
Nietzsches auf einem weißen Kissen
bis zum letzten Blick –
alles Gerümpel jetzt oder gar nicht mehr vorhanden,
unbestimmbar, wesenlos
im schmezlich ewigen Zerfall.

Wir tragen in uns Keime aller Götter,
das Gen des Todes und das Gen der Lust,
wer trennte sie: die Worte und die Dinge,
wer mischte sie: die Qualen und die Statt,
auf der sie enden, Holz mit Tränenbächen –
für kurze Stunden ein erbärmlich Heim.

Kann keine Trauer sein. Zu fern, zu weit,
zu unberührbar Bett und Tränen,
kein Nein, kein Ja,
Geburt und Körperschmerz und Glauben,
ein Wallen, namenlos, ein Huschen,
ein Überirdisches, im Schlaf sich regend,
bewegte Bett und Tränen – schlafe ein!

Im vorliegenden Fall handelt es sich um das letzte vollendete Gedicht Benns; der Dichter verband damit Vorstellungen des Lebensabschieds, wie es in seinem Begleitbrief an Hans Paeschke (6. 1. 56) zum Ausdruck kommt: „Also erlaube ich mir, Ihnen ein letztes Gedicht zu senden, nach meinem Wunsch für die Aprilnummer (Merkur X, 5. H. 99), die ja wohl kurz vor dem berüchtigten Geburtstag erscheint. Sollte es schlecht ausgehen (Benn nimmt hier Bezug auf einen notwendigen Krankenhausaufenthalt), ist es mein Abschied für Sie

[69] Gottfried Benn, Gedichte. Fischer, a.a.O., S 476

und von Ihnen."[70] Es ist ein sehr privates Gedicht, im biographischen Bezug wie in der Thematik überhaupt.

Metrisch betrachtet, haben wir es hier mit freien Rhythmen zu tun; Strophenform und Strophenlänge sind unregelmäßig. Während in Str. 1 der Charakter des Sprechstils vorherrscht, sind die beiden folgenden Strophen im Rhythmus stärker gebunden und geformt. Der erste Teil des Gedichts (10 unregelmäßig lange Zeilen) besteht aus einem unpersönlichen Bericht über die Orte, an denen berühmte Dichter ihr letztes Schicksal erlitten; der Berichterstatter evoziert die Erinnerung an die Vergangenheit und charakterisiert dann Stätten, wie sie heute sind: nur Gerümpel und äußerliche Nichtigkeiten blieben zurück. Von den schweren Stunden, die von den großen Geistern durchlitten wurden, tragen die wesenlosen Gegenstände keine tiefere Spur in die Zukunft. – Innerhalb der ersten Strophe merkt man eine leichte Veränderung in der Darstellungsweise: die registrierende Sachlichkeit der ersten vier Zeilen weicht in den folgenden beiden Versen einer expressiveren Tonart („... die großen schwarzen Augen / Nietzsches auf den weißen Kissen / bis zum letzten Blick"). Die zweite Strophe, die man im Zusammenhang mit der dritten Strophe den II. Teil des Gedichts nennen könnte, gewinnt durch die Anfangsstellung des Personalpronomens "wir" einen persönlicheren Ton. Während der Mensch als Ganzes das "Gen des Todes" und das "Gen der Lust" in sich vereint, zerfallen in dem äußeren Dasein, in dem das menschliche Leben ausgetragen wird, die Worte und die Dinge. Die typisch Bennschen Fragen beherrschen den II. Teil: sie beziehen sich auf die Unvereinbarkeit von Spaltung und Vermischung und auf den rätselhaften Urheber dieser Erscheinungen, – Fragen, auf die es keine Antworten gibt. Nur eines wird statuiert: wenn selbst die zu höchster Individualität gesteigerten großen Geister auf dieser Welt so ohne Spur vergehen („ein Wallen, namenlos, ein Huschen,") so kann eine ichverhaftete, persönliche Trauer angesichts einer solchen Erscheinung nicht mehr aufkommen. Diese Feststellung, im Titel thematisiert, wird zu Beginn der letzten

---

70) zit. nach: Dichter und ihre Dichtungen. Gottfried Benn, a.a.O., S. 227

Strophe wiederholt: sie ist die zentrale Aussage des Textes. So paradox es klingt: es ist eben Trauer, daß keine Trauer mehr sein kann, daß das Zurückbleiben jeder Emotion hier angemessen ist. Eine Parallele zu diesem Gedanken findet sich in dem rätselhaften Gedicht "Wo keine Träne fällt". Hier spricht das Ich von "Untröstlichkeiten" und kommt zu jener Aussage, die zu der "Trauerlosigkeit" des vorliegenden Gedichts als Erklärung und Spiegelung gesehen werden könnte:

Doch da an einer Warte
von Zucht und Ahnen alt
lehnt eine flügelharte
unsägliche Gestalt,
ihr Blick, der Licht und Sterne
und Buch und Zirkel hält,
der sieht in eine Ferne,
wo keine Träne fällt.

Das ist die letzte Sphäre,
ein Hoch- und Hafenland,
da wächst die schwerste Ähre
von jeder Glut gebrannt,
sie wächst nicht, um zu leben,
so singt der Ährenwind,
sie wächst, sich zu ergeben,
wenn es der Genius sinnt:
Unsterblichkeit. [71]

Die unemotionale Ergebenheit in das Schicksal des schöpferischen "Muß" klingt hier wie dort an, ebenso die "Unsterblichkeit" als die Dauer im dichterischen Werk. Wieweit aber dahinter eine Ahnung einer anderen Transzendenz verborgen ist, wenn es in Benns letztem Gedicht heißt „ein Überirdisches, im Schlaf sich regend", bleibt letztlich ungewiß.

---

[71] Gottfried Benn, Gedichte. Fischer, a.a.O., S. 244

II. Prosa

Wenn wir auch der allgemeinen Auffassung zustimmen, daß Benns entscheidende Leistung in der Lyrik liegt, so soll diese Feststellung keineswegs eine Abwertung seiner Prosaschriften bedeuten. Gerade die für Benn so charakteristische Mischung von dichterischer Intuition und denkerischer Begabung findet in der Gattung der Prosa ein weites Feld. Auch hier geht es – wie in der Lyrik – um Bemühungen den Worten und Dingen gegenüber, und somit ist Benns Prosa, obwohl Manifestation kritischer Bewußtseinshaltung, durchaus artistisch gemeint. Gerade diese Mischung von Bild und Begriff, die Konfrontation gegensätzlicher Einfälle und Stimmungen, die Vermischung von Träumen und Gedankenreihen, die Schärfe der Dialektik, – all das macht den Reiz dieser Prosa aus, die von einer Art ist, wie sie vorher in Deutschland nicht geschrieben worden ist. In einer Zeit allgemeinen Sprachverfalls, wie er sich in unserer Gegenwart deutlich manifestiert, können zudem die im folgenden analysierten Beispiele zeigen, was Sprache war und was sie sein kann. –

Die "Rönne-Novellen" [72]

Als 1914 das erste Stück der sogenannten Rönne-Prosa unter dem Titel "Gehirne" erschien, kam damit ein neuer Ton, eine neue Behandlung der Sprache, eine neue Orientierung des Ichs in der Realität in die deutsche Literatur. Diese "Rönne-Novellen": "Gehirne" (1914); "Die Eroberung" (1915); "Die Reise" (1915); "Die Insel" (1916); "Der Geburtstag" (1916), von denen die ersten vier in den "Weißen Blättern" einzeln erschienen und später dann insgesamt bei Kurt Wolff unter dem Sammel-

---

[72] Gottfried Benn, GW, a.a.O., Bd. 5, S. 1185-1232

titel "Gehirne" 1916 in der Reihe "Der Jüngste Tag" herauskamen, können als Quelle aller Gedanken und Vorstellungen betrachtet werden, die das gesamte Werk Benns bis zu einem gewissen Grade bestimmen.

Der biographische Hintergrund dieser frühen Prosastücke ist zunächst eine Lungenheilstätte im Fichtelgebirge bei Bayreuth, wo Benn als junger Arzt für eine kurze Zeit den Chefarzt vertrat. Er hat diese Eindrücke in dem Prosastück "Gehirne" festgehalten, mit dem die Reihe der "Rönne-Novellen" beginnt. In der Etappe in Brüssel, an die er sich – laut eigener Aussage – als an eine Zeit schöpferischer Isolation später immer wieder sehnsüchtig erinnert hat, entstanden dann die vier folgenden Texte, in denen er seine Vorstellung von der "absoluten Prosa" verwirklicht hat. Der schon in der kleinen dramatischen Szene "Ithaka" auftretende Arzt Werff Rönne, etwa dreißig Jahre alt, wird in diesen Erzählungen zur Zentralgestalt, in der der Autor das ihn selbst bedrängende existentielle Problem der Stellung des Ichs in der Wirklichkeit der modernen Welt künstlerisch zu gestalten versuchte. Dabei muß jedoch darauf hingewiesen werden, daß die Rönne-Gestalt zwar deutlich autobiographische Züge trägt, daß sie sowohl die innere Problematik wie auch seine äußere Situation widerspiegelt, daß aber die Rönne-Prosa insgesamt – und darin ist sich die Forschung einig – nicht allein auf autobiographische Züge reduziert werden darf. Wichtig ist, daß hier der eigentliche Durchbruch zur Selbstverständigung des Dichters stattgefunden hat.[73)]

Der Held der sehr kargen Handlungsvorgänge, der Arzt Rönne, wird von Benn selbst in seiner autobiographischen Schrift "Lebensweg eines Intellektualisten" folgendermaßen charakterisiert: „Rönne, der Arzt, der Flaggelant der Einzeldinge, das nackte Vakuum der Sachverhalte, der keine Wirklichkeit ertragen konnte, aber auch keine mehr erfassen, der nur das rhythmische Sichöffnen und Sichverschließen des

---

73) vgl. Wilhelm Krull, Die Welt hinter den Augen des Künstlers? In: Text und Kritik, Zeitschrift für Literatur, Bd. 44, S. 73

Ichs und der Persönlichkeit kannte, das fortwährend Gebrochene des inneren Seins und der, vor das Erlebnis von der tiefen, schrankenlosen mythealten Fremdheit zwischen den Menschen und der Welt gestellt, unbedingt der Mythe und ihren Bildern glaubte."[74]

1) Gehirne [75]

Dieser Rönne also, aus dem Süden kommend, vertritt für einige Wochen den Chefarzt eines im Norden liegenden Sanatoriums: das ist der Sachverhalt in dem ersten der fünf Prosastücke "Gehirne". Wie steht es nun in der Rönne-Prosa mit der Handlung als "Erzählinhalt"? Der Erzähler bleibt in seinen Schilderungen sehr knapp, die empirisch gemeinte Welt tritt stark zurück, aber es gibt sie noch, – ein Rest von Realität in der Darstellung der Außenwelt bleibt in der Situationswiedergabe des Anfangs erhalten: „Rönne, ein junger Arzt, der früher viel seziert hatte, fuhr durch Süddeutschland dem Norden zu ... Jetzt saß er auf einem Eckplatz und sah in die Fahrt: es ging also durch Weinland, besprach er sich, vorbei an Scharlachfeldern, die rauchen von Mohn." Schon gleitet die Perspektive in die Figur Rönnes in Form des inneren Monologs. Der Erzähler tritt zurück; es geht darum, wie Rönne die Welt erlebt. Er kommt in das Sanatorium und verfällt in Lethargie. Er scheitert an der Aufgabe, die er übernommen hat: in allen Tätigkeiten, die sie von ihm verlangt, zeigt sich die Verfallenheit des Ichs mit seiner Umwelt: „umleuchtet von seiner Einsamkeit, besprach er mit den Schwestern die dienstlichen Angelegenheiten fern und kühl". Auch hier wie in der in der frühen Zeit entstandenen Gedichtsammlung "Morgue" manifestiert sich – in der Gestalt Rönnes – ein makabres Interesse an den Todgeweihten, an der Fäulnis menschlichen Zerfalls „die künstliche

[74] Gottfried Benn, GW in 8 Bden, Bd. 8, a.a.O., S. 1896

[75] ebd., Bd. 5, S. 1185-1191

Öffnung auf der Vorderseite, den durchgelegenen Rücken, dazwischen etwas mürbes Fleisch". Man hört, daß durch Rönnes Hände „ungefähr zweitausend Leichen" gegangen sind. Die Vielzahl des auf diese Weise entindividualisierten Menschen, dessen Gehirn ohne unser Zutun aus "12 chemischen Einheiten" zusammengesetzt ist, versetzt ihn in einen Zustand der Erschöpfung und Selbstentfremdung und führt zur Distanzierung von seinem Ich. Seine Hände – leitmotivisch immer wieder im Text erwähnt – erscheinen ihm nicht mehr wie ein Teil seines Körpers: „Da nahm er selber seine Hände (wie fremde Gegenstände), führte sie über die Röntgenröhre ..." oder an einer anderen Stelle des Textes: „Das Leben ist so allmächtig, dachte er; diese Hand wird es nicht unterwühlen können, und sah seine Rechte an." Sein psychopathisches Verhalten im Hinblick auf die unablässige Beschäftigung mit seinen Händen erscheint den Außenstehenden als Wahnsinn: „Oft, wenn er von solchen Gängen in sein Zimmer zurückgekehrt war, drehte er seine Hände hin und her und sah sie an. Und einmal beobachtete eine Schwester, wie er sie beroch, oder vielmehr, wie er über sie hinging, als prüfe er ihre Luft, und wie er dann die leicht gebeugten Handflächen, nach oben offen, an den kleinen Fingern zusammenlegte, um sie dann wieder auf und ab zu bewegen ... Sie erzählte es den andern Schwestern; aber niemand wußte, was es zu bedeuten habe." Die Übereinstimmung von Ich und Welt ist nicht mehr gegeben; er kann dem mechanischen Tun seiner Hände nicht mehr gebieten, dem ständigen Zunehmen der "Verhirnung" nicht mehr entrinnen. Das Versagen vor den Aufgaben des äußeren Lebens führt zu Apathie, Ichzerfall und Isolation: „ Er aber möchte nur leise vor sich hinsehn und in seinem Zimmer ruhn. ... Wenn er aber lag, lag er nicht wie einer, der erst vor ein paar Wochen gekommen war ..., sondern als wäre er mit der Stelle, auf der sein Leib jetzt lag, emporgewachsen und von den langen Jahren geschwächt; und etwas Steifes und Wächsernes war an ihm lang, wie abgenommen von den Leibern, die sein Umgang gewesen waren." Das Ich hat seinen Bezug zu Raum und Zeit verloren: „Ich habe keinen Halt mehr hinter den Augen. Der Raum wogt so endlos; einst floß er doch auf eine

Stelle. Zerfallen ist die Rinde, die mich trug." Rönne erkennt, daß es „im Bereich der durch das Gehirn konstatierten Naturkausalität kein Selbstsein gibt."[76] Er gerät so sehr in die Isolation, daß er die Zimmertür hinter sich abschließt, „damit niemand auf ihn einstürmen könne."

Die Geschichte endet damit, daß er in der realen Bewußtseinswelt des Nordens von der Gewalt der "Südvisionen" überfallen wird, die ihn in visionäre Rauschzustände treibt: „Aber nun geben Sie mir bitte den Weg frei, ich schwinge wieder – ich war so müde – auf Flügeln geht dieser Gang – mit meinem blauen Anemonenschwert – in Mittagssturz des Lichts – in Trümmern des Südens – in zerfallendem Gewölk – Zerstäubungen der Stirne – Entschweifungen der Schläfe." Hier tritt zum ersten Male in Benns Dichtung der "Südkomplex" auf, noch entfernt allerdings von den späteren Visionen in der Lyrik. Nicht in der "Verhirnung", sondern in Vision und Rausch erhofft das Ich Lösung und Erlösung aus der Erstarrtheit, – so deutet es sich in den o.a. letzten Zeilen des Textes an. Hier erscheint auch erstmalig das Kennwort des "Südens" und der "blauen" Südfarbe, das "blaue Anemonenschwert", Chiffre für "Südlichkeiten, Überhöhung" in Traum und Rausch, Sehnsucht nach "Entformung" als Voraussetzung einer neu zu findenden Form des dichterischen Erlebnisses. –

---

[76] Paul Requad, Gottfried Benn und das südliche Wort, a.a.O., S. 155

Die Eroberung [77)]

In dieser zweiten Novelle des Rönne-Zyklus ist der biographische Hintergrund der Etappenstadt Brüssel deutlich akzentuiert. Die Kriegszeit, die Atmosphäre in einer besetzten Stadt, die Fremdheit der Sprache, – das alles ist schon von vornherein dazu angetan, die Isolation des Ichs zu steigern. Jedoch wird diese Distanz („Eine fremde Sprache, alles ist haßerfüllt und kommt zögernd über einen Abgrund her") nicht als Hindernis gesehen, sein Ich zu finden, – im Gegenteil! Gerade hier versucht Rönne, eine neue Verknüpfung mit der Realität zu finden: „Hier will ich Schritt für Schritt vorgehen. Wenn irgendwo, muß es mir hier gelingen." In der "Eroberung" vertraut er sich gleichsam dieser fremden Stadt an und sucht sich in ihr zu beheimaten: „Dies Land will ich besetzen, dachte Rönne, und seine Augen rissen den weißen Schein der Straße an sich, ...". In diesem Versuch, die Stadt zu erobern und in die fremde Gemeinschaft einzudringen, besteht Hoffnung, da „alles, was geschieht", ... „erstmalig" geschieht. Das Vokabularium des Besetzens und In-Besitznehmens herrscht vor. Emphatisch klingt die Anrede: „Liebe Stadt, laß dich doch besetzen! Beheimate mich! Nimm mich auf in die Gemeinschaft!" Indem er sich so in der Stadt zu beheimaten sucht, tritt wiederum – wie schon im ersten Text des Zyklus – die Vision des "Südens" vor ihm auf, die sich ihm mit dieser fremden Stadt identifiziert: „Du bist so südlich, deine Kirche betet in den Abend, ihr Stein ist weiß, der Himmel blau. Du irrst so an das Ufer der Ferne, Du wirst dich erbarmen, schon umschweifst Du mich." Aber der Gang durch die Stadt und der Versuch, an die Fakten, die er wahrnimmt, andere Realitäten anzuknüpfen, erbringt nur leere Ansammlungen belangloser Einzelheiten, und auch der Rausch einer Nacht mit einer fremden Frau erweist sich als Hohlheit bloß sinnlichen Rausches. Die Eroberung der Stadt und die Selbstfindung des Ichs sind mißlungen. Am Ende faßt Rönne diesen Versuch zusam-

---

[77)] Gottfried Benn, GW in 8 Bden, a.a.O., Bd. 5, S. 1192-1199

men im Hinweis auf die Berührung mit dem bloß vegetativen Leben der Pflanzennatur: „Ich wollte eine Stadt erobern, nun streicht ein Palmenblatt über mich hin.“

Die Reise [78]

Die Insel [79]

Auch die dritte und vierte Novelle des Rönnezyklus' "Die Reise" und "Die Insel" sind Versuche des Ichs, aus der Form herauszutreten, die es trug. Im ersten Text geht es um eine Reise nach Antwerpen. Gleich zu Beginn wird das Reisemotiv innerhalb der Erfahrungswelt in seiner ganzen Fragwürdigkeit enthüllt. Die bloße Vorstellung einer Reise ruft in Rönne geradezu panikartige körperliche Reaktionen hervor: es ist von Schweißausbrüchen die Rede, von Zerrüttungen, von Hemmungen und Schwäche angesichts einer so geringfügigen Ortsveränderung, wie sie eine Reise nach Antwerpen darstellt. Hier drängt sich eine Parallele zu Kafka geradezu auf. In einem Brief an Max Brod heißt es aus Anlaß einer Reise: „Ich sitze hier in der bequemen Haltung des Schriftstellers, ... und muß untätig zusehen, wie mein wirkliches Ich, ... aus einem beliebigen Anlaß, einer kleinen Reise nach Georgental ... vom Teufel gezwickt, geprügelt und fast zermahlen wird.“[80]

Die üblichen Motivationen im Hinblick auf Reisen, der Wunsch nach Neuem, Abwechslung, Bildungserweiterung gelten hier wie dort nicht. Für Benn ist Reisen (s. das Gedicht "Reisen") im o. bezeichneten konventionellen Sinn nichts weiteres als eine Illusion ("Fällt Sie die Leere an"). Aber im Verlauf des Erzählten handelt es sich in diesem mit "Reise" betitelten Text nur um

---

[78] Gottfried Benn, GW in 8 Bden, a.a.O., Bd. 5, S. 1200-1208

[79] ebd., S. 1209-1219

[80] Franz Kafka, Brief an Max Brod. Briefe, hrsg. von Max Brod, Frankfurt 1966, Bd. 6, S. 384

einen imaginären Reiseplan, der in der Form des inneren Monologs mitgeteilt wird. Das eigentliche Thema ist Versuch und Scheitern einer erzwungenen Zugehörigkeit zu der von Konventionen bestimmten Gesellschaft von Herren (Militärs), die Rönne in einem Eßlokal trifft und deren Gespräch über exotische Früchte er beiwohnt. Angesichts des bis ins Groteske spielenden Gesprächs erfahren wir – durchweg in Form des inneren Monologs – die zerstörte Kommunikation zwischen dem Ich und der normativen Welt: „Rönne aber dachte, jeder Mensch, dem ich begegne, ist noch ein Sturm zu seinem Glück. Nirgends meine schwere, drängende Zerrüttung." Diese Isolation ist das Zentralthema des Textes: die Geschiedenheit von der Norm, von der "eindeutig fixierten" Straße "auf dem Rücken des Zwecks". Oder noch akzentuierter: „Sie alle lebten mit Schwerpunkten auf Meridianen zwischen Refraktor und Barometer, er nur sandte Blicke über die Dinge, gelähmt von Sehnsüchten nach einem Azimuth, nach einer klaren logischen Säuberung schrie er, nach einem Wort, das ihn erfaßte." Deutlicher als in dem Anfangstext des Rönne-Zyklus zeichnet sich hier die eigentliche Intention der Rönne-Gestalt ab: im Zerfall nach einer neuen Ordnung zu suchen: „Ich will Formen suchen und mich hinterlassen." Das ist der zentrale Satz dieser Novelle und zugleich das Glaubensbekenntnis ihres Autors. Nur in der Lösungsmöglichkeit der Kunst kann sich erfüllen, was Rönne in sich spürt: „ein Wurf von Formen, ein Spiel in Fibern, sinnlos und das Ende um allen Saum."

Am Ende der "Reise" tritt ein Bildmotiv auf, das sich bereits in der Novelle "Gehirne" findet und das später in Benns Lyrik immer wieder beschworen wird; es ist das Bild der "Anemone", das hier bereits mit den o. erläuterten "Südelementen" verknüpft ist. Rönne durchwandert den Park; er droht, sich in Traum und Rausch zu verlieren, „und er schuf sich an den hellen Anemonen des Rasens entlang und lehnte an eine Herme, verstorben weiß, ewig marmorn, hierher zerfallen aus den Brüchen, vor denen nie verging das südliche Meer." In Benns Evokation der "hellen Anemonen" bzw. des "blauen Anemonenschwerts" steht "Blau" für die Farbe des Südens, es ist – laut

Benns eigener Aussage – das "Südwort" schlechthin. Hier zeichnet sich erst vage ab, was in den späteren Gedichten in den Mittelpunkt tritt: die Chiffre des Südens bedeutet den Durchbruch zu neuen Formen der Gestaltung.

Die Insel

Diese Novelle des Zyklus' beginnt – ähnlich wie "Gehirne" – mit einer knappen Hindeutung auf die äußere Situation Rönnes: er lebt als Gefängnisarzt in großer Abgeschlossenheit auf einer Insel im Nordmeer. Sie knüpft also noch an reale Bezugspunkte an; sonst aber ist diese Erzählung wie alle anderen Rönne-Novellen: merkwürdig entgleitend in der Darstellung, ohne eigentliche Fabel, ohne Menschen, mit Ausnahme des schreibenden Ichs, das seine momentanen Impressionen in einer eigenen Assoziationstechnik aneinanderreiht.

Auch hier folgt Benn seiner Neigung, die professionelle Sphäre des Arztes mit den inneren Problemen des Ichs zu kontrastieren, wohl weil seine Modellfigur Rönne – hier als beamteter Arzt eingeführt – von der Sache her leicht in Gefahr gerät, unter dem Aspekt des allgemeinen Wohls Opfer des Zivilisationsapparates zu werden. Das zeigt sich besonders stark in den "Gehirnen", aber auch in der "Insel" finden wir dieselbe Voraussetzung: „Daß dies das Leben sei, war eine Annahme, zu der Rönne, einen Arzt, das von leitender Stelle aus Geregelte seiner Tage, das staatliche Genehmigte, ja Vorgeschriebene seiner Bestimmung wohl berechtigte." Von hier aus entflieht das Ich in seinen Traumvisionen in ein imaginäres "Lotosland" im Indischen Ozean, in der die "südliche Zertrümmerung" der Bewußtheit und das "Selbstwerden" in einer neuen Einheit von Ding und Wort immer wieder versucht werden. Faszinierend wird dieses Traumbild in Sprache umgesetzt: „Ja, das war eine Insel, die in einem Meer vor Indien lag.

Es nahte sich ein Schiff, plötzlich trat es in den Wind, der das Land umfaßt hatte und nun stand es im Atem des bräunlichen Walds ... Schneeweiß war der Boden, und die Staude saftig. Und durch die Insel schritt er, zwischen Roggen und Wein, abgeschlossen und still begrenzt." Suggestiv weist hier der Hinweis auf das Abgetrennte, Begrenzte auf die in der Literatur oft evozierten "irdischen Paradiese"[81] hin, in denen die Zeit stillsteht und das Bewußtsein ausgeschaltet ist. Das Ich gerät – wenn auch nur vorübergehend – in jenen – um bei Musil einmal diesen Ausdruck zu entleihen – "anderen Zustand", in jene Einheit mit der Welt, die Rönne abhanden gekommen war: „Hell saß er am Strand. Er fühlte sich leicht und durchsichtig und schien sich nicht mehr unsauberer zu sein als ein bewegter Stein, als ein abgerundeter Block, gehalten von einer leichten Organisation." In diesen Worten deutet sich an, daß das Ich in dem mühelosen Einklang mit der Natur Lösung und Erfüllung finden könne. „Die Begriffe, schien ihm, sanken herab. Wie hatte zum Beispiel Meer auf ihm gelegen, ein sprachlicher Bestand, abgeschnürt von allen hellen Wässern, beweglich, aber doch höchstens als Systemwiesel, das Ergebnis eines Denkprozesses, ein allgemeiner Ausdruck."

Selbstwerden, – das kann nur im Ausdruck geschehen, Ausweg bietet sich nur in dem Weg nach innen, zu schöpferischer Evokation des Ichs. Das Glaubensbekenntnis Benns, Ausdruck als Existenzgründung, Form als einzige Transzendenz des Menschen, wird in diesen Novellen, wenn auch noch vage in Frage und Andeutung, erstmalig zur Sprache gebracht: „Wo aber blieb die Auseinandersetzung innerhalb seiner selbst, wo fand die statt? Ihr Ausdruck, das Sprachliche, wo vollzog sich das? Wenn auch die Lockerung, "ein leises Klirren", nur vorübergehend ist („Aber schon war es vergangen ... schon sprang der Reifen wieder um seine Stirn ..."), so zeichnet sich doch am Ende dieser Erzählung der Auftrag an: „Hart wurde sein Blick. Gestählt drang er in den Garten, ordnend die Büsche, messend den Pfad. Und nun kam es über ihn: er

---

81) vgl. Johannes Kleinstück, Mythos und Symbol in englischer Dichtung, Kohlhammer 1964, S. 56ff.

stand am Ausgang eines Jahrtausends, aber die Frau war stets; er schuldete seine Entwicklung einer Epoche, die das System erschaffen hatte, und was auch kommen mochte, dies war er!“ Diese Worte deuten an, daß das Ich entschieden hat, den Versuch zu wagen, das Verhältnis von Ich und Welt geistig zu bewältigen. Nicht von ungefähr taucht in dieser Erzählung zum erstenmal die Wortschöpfung ”Gegenglück” auf, die in Benns späterem Gedicht ”Einsamer nie” als programmatisches Bekenntnis in der Schlußzeile dieser Verse wieder aufgenommen wird.

Der Geburtstag [82)]

Diese letzte Novelle des Zyklus beginnt mit einem Rückblick Rönnes auf sein bisheriges Leben. Anlaß dieser Überlegungen ist der dreißigste Geburtstag, – ein üblicher Erzählanfang, der in der Literatur nicht selten ist. Der Berichtende hält sich kaum bei Details des äußeren Lebens auf: wir erfahren seinen Beruf, sein Alter, seinen Namen, seine Herkunft aus der norddeutschen Ebene, seinen Familienstand. Wichtig ist die Sinnfrage, die das Ich hier stellt: „Ein Drängen nach dem Sinn des Daseins warf sich ihm wiederholt entgegen ...“.

Die Selbstprüfung am 30. Geburtstag läßt Zweifel aufsteigen an der konventionellen Realität, aber auch die Möglichkeit einer eigentlichen Wirklichkeit, in der die Dinge entschleiert sind, scheint ungewiß: „Aber über allem schwebte ein leises zweifelndes als ob: als ob ihr wirklich wäret Raum und Sterne.“ Der Versuch, den 30. Geburtstag als Neugeburt zu verstehen, spiegelt sich in dem unbedingten Bekenntnis zum Selbst: „Nun ist es Zeit, sagte er sich, daß ich beginne. In der Ferne rauscht ein Gewitter, aber ich geschehe. In Maiwäldern bricht die Wolke auf, aber m e i n e Nacht!“

[82)] Gottfried Benn, GW i. 8 Bden, Bd. 5, S. 1220

In einer Aneinanderreihung gegensätzlicher Szenen werden fast alle Motive und Themen der Rönne-Erzählungen wieder aufgegriffen. Im Mittelpunkt stehen die beiden "Südvisionen" ("Südlichkeiten" – "Hafenkomplex"), die ihm in diesem nördlichen Raum aufsteigen und in dem imaginären Bild der Geliebten, in die sich die Gestalt einer Dirne verklärt, ihren Höhepunkt finden. Aber immer noch vermag Rönne nach dem Rausch die Frage nach seiner Wirklichkeit zu stellen: „War er wirklich? Nein, nur alles möglich, das war er." Dies scheint uns als das letzte Wort über der frühen Prosa der Rönne-Novellen zu stehen. Ihre Bedeutung liegt vor allem in der sprachlichen Vergegenwärtigung der Problematik zwischen Ich und Welt, die – laut Bense – „eine literatur-metaphysische Rechtfertigung"[83] finden kann. „Gottfried Benns eigentümliche frühe Prosa bleibt ästhetisch unverständlich, wenn man sie nicht aus einem ästhetischen Solipsismus begreiflich findet. Sie bedient sich eines sprachlichen Atomismus und entwickelt sich aus jenen Atomen der Prosa und Poesie, in denen die Expression der elementaren Ereignisse und Dinge der Welt habhaft zu werden meint."[84]

Wie Miß Cavell erschossen wurde [85]

Der kurze Prosatext geht auf ein Erlebnis Benns aus dem Jahre 1915 zurück. Er befand sich damals als Militärarzt in Brüssel und wurde in dieser Eigenschaft zu der standrechtlichen Erschießung der englischen Spionin Edith Cavell ab kommandiert. Benn schrieb diesen Bericht allerdings erst dreizehn Jahre später, angeregt durch einen im Jahre 1928 in

[83] vgl. Max Bense, Versuche über Prosa u. Poesie. Zu Gottfried Benns frühen Publikationen. 1959, In: Gottfried Benn. Wege der Forschung. 1979, S. 62

[84] ebd

[85] Gottfried Benn, G.W. i. 8 Bden, a.a.O., Bd. 7, S. 1650

England und in vielen anderen Ländern aufgeführten Film, in dem das Schicksal der englischen Spionin im Abstand von der Wahrheit auf eine tendenziöse Weise verherrlicht wurde. Daraufhin veröffentlichte Gottfried Benn als Augenzeuge im Berliner Abendblatt eine geradezu minuziöse Schilderung des Vorfalls mit allen dazugehörigen Begebenheiten. In den einleitenden Bemerkungen zu dieser Schrift gibt er die Gründe an, die ihn zur Abfassung dieses Berichts bewegt haben, und bezieht zu der tendenziösen Legende des Films die Gegenposition objektiver Berichterstattung. Über die beabsichtigte Sachtreue gibt schon der gewählte Titel Aufschluß: Obwohl in einer Tageszeitung veröffentlicht, vermeidet er jede sensationelle Zuspitzung und betont in der schlichten Diktion einen lediglich registrierenden Charakter.

Der kurze Text gliedert sich in drei Teile:

1) Eine Enleitung, die auf die Legendenbildung um den Tod der englischen Spionin Edith Cavell (im Anschluß an den englischen Film) eingeht und die Gegenposition des objektiven Berichterstatters für sich in Anspruch nimmt und begründet.
2) Minuziöse Wiedergabe des Vorgangs in aktenmäßiger Darstellungsform aus dem Blickwinkel des diensttuenden Arztes und Augenzeugen.
3) Hier – durch eine der typisch Bennschen Entscheidungsfragen eingeleitet, folgen Reflexion und Argumentation im Hinblick auf den tatsächlichen Ablauf der Geschehnisse und unter Berücksichtigung der in ihrer geschichtlichen Situation verankerten Umstände.

Wir stellen unserer Interpretation einige Ausschnitte aus diesem Text voran. Die kurze Prosaerzählung ist wenig bekannt und ist erst jetzt wieder im 7. Band der GW im Limes Verlag erschienen.

„Ich melde mich zum Wort in Sachen der Miß Edith Cavell, die im Herbst 1915 von den Deutschen als englische Spionin erschossen wurde. Ich habe sie damals wiederholt gesehen und gesprochen, befand mich in dienstlicher Eigenschaft bei ihrem

Prozeß, war als Arzt zu ihrer Hinrichtung kommandiert, habe ihren Tod konstatiert und sie in den Sarg gelegt. Ich weiß nicht, ob noch jemand lebt, der beides, sowohl den Prozeß wie die Hinrichtung, mit eigenen Augen gesehen hat; nicht der Gouverneur, der die Exekution befahl, nicht der Diplomat, der sich um die Begnadigung bemühte, haben die Vorgänge persönlich gesehen und gehört. Veranlassung, mich zu melden, ist die Aufführung des Cavell-Films in London, die bei allen Staaten die Erinnerung an sie wachrufen wird. Kein Zweifel, sie wird als legendäre Gestalt durch die Geschichte der Siegerstaaten ziehen. Ihre Legende wird sich bilden, unabhängig von den historischen, den materiell effektiven Tatsachen des Vorgangs, in dem sie eine Rolle spielte, und es liegt mir daher von vornherein nichts ferner als die Annahme, ich könnte irgendetwas richtigstellen, aufklären oder die Sage ihres Landes korrigieren, ich werde nur erzählen, wessen ich mich erinnere. Und ich erinnere mich ihrer, um es gleich zu sagen, als einer Handelnden, die für ihre Taten büßte, als einer kühnen Tochter eines großen Volkes, das sich mit uns im Krieg befand.“

Schon nach diesem ersten Absatz muß – nach des Dichters eigener Aussage – sogar das Wort ”Absicht” vermieden werden. Er hat nicht die Absicht, die legendäre Geschichtsfälschung zu korrigieren, da er nicht daran glaubt, die emotionale Überzeugungskraft einer Legende unschädlich machen zu können. Jedoch geht es ihm sicherlich darum, die Dinge darzustellen, wie sie sich dem sachlich-unbestechlichen Blick dargeboten haben: wir kennen die radikalehrlichen Aussagen Benns, die sich oft genug gegen ihn selbst richteten.

In der hier vorgelegten Einleitung zu dem folgenden Tatsachenbericht besticht nicht nur die objektive, unemotionale Betrachtung des Falles, sondern vor allem auch der humane Aspekt, die Hauptfigur des besagten Vorgangs als eine ”Handelnde” und nicht als ”willenloses Opfer” der Kriegsmaschinerie darzustellen. Die Schlußbemerkung der o. zitierten Einleitung bezeugt eindeutig, daß hier ein Berichterstatter zu Wort kommt, der – ebenso frei von Emotionen wie von einseitigem Chauvinismus – den betroffenen Figuren wie dem Sachverhalt vorurteilsfrei gegenübersteht.

Der dieser Einleitung folgende Teil enthält die bis in alle Einzelheiten genaue Schilderung der Ereignisse, wie sie Benn als Augenzeuge in der Erinnerung behalten hat. Es ist – trotz aller Kühle der Berichterstattung – der Darstellung anzumerken, wie stark das Interesse des Autors an der Haltung der Verurteilten ist, die hier in wenigen prägnanten Strichen gezeichnet wird:

„Edith Cavell, vielleicht zweiundvierzig Jahre alt, hat graues bis weißes Haar, … dürres, maskenhaftes Gesicht, steifer stotternder Gang, schwere muskulare Hemmungen, aber ohne Zaudern, ohne Stocken geht sie abwärts, wo die Pfähle stehen …; sie spricht leise mit dem Pfarrer, was hat sie ihm gesagt, er hat es mir später erzählt: sie stirbt gern für England … andere Frauen bringen größere Opfer: Männer, Brüder, Söhne, sie gibt nur ihr eigenes Leben – o Vaterland drüben über dem Meer, o Heimat, die sie grüßen läßt."

Mehr als durch jede tendenziöse Verherrlichung der Propaganda wird in den im Sprechstil wiedergegebenen Satzfetzen die menschliche Würde der Verurteilten ins Blickfeld gerückt. Hier spricht ein Autor, der zwar nüchtern die Tatsachen registriert (er widerspricht auch bei der Gelegenheit der Behauptung, die Delinquentin sei bei der Exekution nicht gleich tot gewesen), der aber gerade durch diese un-emotionale Berichterstattung des Menschen speziellen Rang deutlich werden läßt. Es ist ein Symptom dieser eigentümlichen Wirkung des Prosastücks, daß wir nach so vielen Jahren, die den Bericht von den historischen Vorgängen trennen, von der Haltung der Cavell angesichts des Todes noch angerührt und betroffen sind. So sterben zu können, mit dieser Ruhe und Haltung, wie der Bericht es vorurteilsfrei nachzeichnet, enthüllt des Menschen speziellen Rang, und kein noch so verherrlichender Film kann das so überzeugend verdeutlichen, wie es hier geschieht. Es ist aufschlußreich, demgegenüber einen zeitgenössischen Bericht (1929) von Egon Erwin Kisch einzufügen, den dieser als Antwort auf Gerhart Pohls Brief, Benns Artikel betreffend, verfaßt hat; wir zitieren daraus eine entscheidende Stelle: „Noch schöner … ist ein im '8-Uhr-Abendblatt' erschienener

Aufsatz über den Mord an der Krankenschwester Edith Cavell, dem MU. Dr. Gottfried Benn als Militärarzt beigewohnt hat. Aber das Wort "Mord" steht nicht bei Benn und nicht im '8-Uhr-Abendblatt', – bei Benn und im '8-Uhr-Abendblatt' steht, daß die Erschießung der Edith Cavell eine vom militärischen Standpunkt aus ganz berechtigte Hinrichtung war. Gottfried Benn ist ein in seine krankhaften (schizophrenen) Hemmungen eingesponnener Snob, der keine Ahnung von der Welt hat, aber sie behandelt. Dagegen muß man sich wenden. – (...)"[86)]

In dem o. zitierten Text fallen einige Merkmale auf, die für die Darstellungsweise des Verfassers bezeichnend sind: effekthaschende polemische Wiederholung, sachliche Verzeichnung ("Mord" würde wohl auch hier als "Begriff" juristisch nicht haltbar sein) und die massive Verunglimpfung des Andersdenkenden, wie sie sich in der letzten Aussage des Zitats widerspiegelt. Zum Vergleich erfolgt der Abdruck des Schlußteils von Benns Bericht, in dem der Autor seine Argumentation unter Berücksichtigung der historischen Gegebenheiten darlegt: also gewissermaßen Benn in eigener Sache. Der Leser entscheide dann selbst!

„Wie ist die Erschießung von Miß Cavell zu beurteilen? Formell ist sie zu Recht erfolgt. Sie hatte als Mann gehandelt und wurde von uns als Mann bestraft. Sie war aktiv gegen die deutschen Heere vorgegangen, und sie wurde von diesen Heeren zermalmt. Sie war in den Krieg eingetreten, und der Krieg vernichtete sie. Auch die Franzosen haben eine Frau als Spion erschossen. Ich glaube, daß die Frau von heute für diese Konsequenz nicht nur Verständnis hat, sondern sie fordert.

Hätte sie nun begnadigt werden sollen? Aus der Logik des militärischen Systems konnte es nicht geschehen. Man denke diese dreihundert feindliche Soldaten, die nun drüben standen. Man denke diese kriegsstarke Kompanie, die auf unsere Soldaten

86) Egon Erwin Kisch, Die neue Bücherschau VII (1929), S. 535f. Zitiert nach: Benn – Wirkung wider Willen, S. 136. Aufbau-Verlag, Berlin und Weimar.

schoß. Man denke dreihundert Gewehre an der Yser oder bei Langemarck, von Edith Cavell aufgestellt, mähten in unsere Linien hinein. Welches Kriegsgericht hätte sie nicht zum Tode verurteilen müssen, welcher Gouverneur, der sich für seine Truppe verantwortlich fühlte, sie begnadigen können? ..."

Wie wir sehen, gilt die o. zitierte Argumentation der kriegsrechtlichen Seite des Falles, der alle Völker, die im Kriege stehen, unterworfen sind: Frankreich im Hinblick auf Mata Hari ebenso wie Deutschland im Falle Edith Cavell. Die Frage bleibt offen, was Kisch zu der Situation der Soldaten von Langemarck zu sagen hätte, Menschen, die dem Kriege ebenso unterworfen waren wie Edith Cavell und in deren Schicksal Edith Cavell aktiv eingegriffen hatte.

Bei aller sachlich auf den Vorgang und seine militärische Rechtfertigung bezogenen Darstellung Benns spürt der Leser, daß das eigentlich Entscheidende des leider so wenig bekannten Prosatextes in den Zeilen liegt, die den Text beschließen, und in denen der Autor die Frage nach der möglichen Einschätzung des Falles durch Edith Cavell selbst stellt:

„Und schließlich, um der tapferen Tochter des englischen Volkes, die nun in London zwischen den Königen ruht und nach der in Amerika die Felsen heißen, auch die letzten Maßstäbe nicht schuldig zu bleiben: wie dächte sie selber über eine Geschichte, die sich innerhalb der liberalen und der bürgerlichen Humanität bewegt? Das große Phänomen des historischen Prozesses, sowohl als Ganzes tief und widersinnig wie im einzelnen tragisch und absurd, könnte es geschaffen und getragen werden von einer Menschheit, die mit Begnadigung rechnet? Nein, die Weltgeschichte ist nicht der Boden des Glücks, und die Pfosten des Pantheons sind mit Blut bestrichen derer, die handeln und dann leiden, wie das Gesetz des Lebens es befiehlt."

Es ist diesen Worten wenig hinzuzufügen, – eigentlich gar nichts, da hier nicht ideologisch, sondern philosophisch argumentiert wird. Der Schluß erinnert an den berühmten Carlton-Essay, wo in ähnlicher Weise auf die tragische Dialektik des Seins hingewiesen wird. Benns Biograph Lennig weist daraufhin, daß es aufschlußreich sein könnte, „den Bericht Gottfried Benns über die Hinrichtung Edith Cavells mit der Schilderung eines, was den äußeren Vorgang betrifft, ähnlichen Ereignisses (der Erschießung eines Deserteurs) in den "Strahlungen" Ernst Jüngers zu vergleichen. Man wird dabei keine literarische Verwandtschaft antreffen, aber in beiden Fällen exemplarische Muster entdecken, der Daseinsstimmung einer Epoche in der kühlen, sachlich-präzisen und völlig unsentimentalen Sprache dieser Epoche zu entsprechen. Es ist hier wie dort eine unverkennbare persönliche Sprache – jeweils eben die Persönlichkeit und ihr Stil. Trotz ihrer wesensverschiedenen Prägung und enormen Gegensätzlichkeit sind Gottfried Benn und Ernst Jünger unvergleichlich wichtig für die Kenntnis des deutschen Geistes in der ersten Hälfte unseres Jahrhunderts."[87)]

Können Dichter die Welt ändern? [88)]

Dieser wohl bekannteste theoretische Text Benns wurde erstmals in: "Die literarische Welt", VI 23, 1930 veröffentlicht. Er geht zurück auf einen offenen Brief, den der Dichter 1929 unter dem Titel "Über die Rolle des Schriftstellers in dieser Zeit" als Antwort auf den Angriff der kommunistischen Schriftsteller R. Becher und E. E. Kisch verfaßt hatte. Schon in diesem Brief vertritt er die Gegenposition zu einer ideologisch ausgerichteten Dichtungsauffassung; er übernahm und verschärfte diese These in seinem Rundfunkdialog "Können Dichter die Welt ändern?" (1930).

Um die provozierende Schärfe zu verstehen, mit der Benn in dem Dialog seine Kunstauffassung formuliert hat, muß die Vorgeschichte dieser Schrift kurz erläutert werden. Sie wirft

---

87) Walter Lennig, Gottfried Benn. rororo, Bildmonographien, 1962, S. 44-46

88) Gottfried Benn, GW in 8 Bden, a.a.O., Bd. 7, S. 1669

zugleich auch ein Licht auf die literarische Situation der Weimarer Republik.
Im Jahre 1929 hatte sich Max Hermann Neisse in der sozialistischen Literaturzeitschrift "Die neue Bücherschau" begeistert über Benns "Gesammelte Prosa", erschienen 1928, geäußert. Neisse stellte Benn als Beispiel des „unabhängigen und überlegenen Weltdichters“ hoch über die „literarischen Lieferanten politischer Propagandamaterialien“, worauf Becher und Kisch, die sich getroffen fühlten, ihren Austritt aus dem Redaktionskomitee erklärten. Darüber hinaus griffen sie Benn öffentlich scharf an, worauf dieser mit dem besagten offenen Brief antwortete, in dem er die kommunistische Forderung nach politischem und sozialistischem Engagement des Dichters im Kampf für die marxistische Zukunftsutopie schroff ablehnte und ihr seinen tragischen Geschichtspessimismus und seinen Begriff der monologischen Dichterexistenz entgegenhielt. Aus seiner radikal andersartigen ästhetischen Auffassung erklärt sich die Schärfe der Polemik: sie ist auch zu verstehen als Reaktion auf den steigenden Einfluß sozialistisch-kommunistischer Autoren auf das literarische Leben der Weimarer Republik.

Die gewählte Dialogform zwischen dem Herausforderer (A) und dem Dichter (B) kommt der Möglichkeit der antithetischen Auseinandersetzung entgegen. Hier stellt Benn den "besonderen Nihilismus" der Kunst der Welt der Zwecke und dem positiven Fortschrittsglauben entgegen. Dem Kollektivismus abgewandt, gewinnt der Dichter seinen mythischen Auftrag außerhalb der Tagesgeschäfte, jenseits eines vordergründigen Fortschrittsglaubens, jenseits jeder Absicht, die Welt zu verändern, jenseits des Glaubens, der Weltgeschichte einen Sinn ablesen zu können, der sich im sozialen Dasein erfüllen würde. Wenn Becher verkündet: „Unsere Literatur kann, wenn sie die Massen ergreift, zur materiellen Gewalt werden und ein bedeutendes Teil dazubeitragen, die Welt zu verändern“[89], so steht bei Benn das strenge Bekenntnis zur absoluten Kunst: „Kunstwerke sind phänomenal, historisch unwirksam, praktisch

[89] Johannes Becher. In: Die Linkskurve, Oktoberheft 1931, S. 8

folgenlos. Das ist ihre Größe". Und auf die Frage, ob der Dichter das soziale Elend ohne Wunsch, einzugreifen, betrachten könne, antwortet Benn provokativ: „Der Dichter sieht zu in der vor keinem Tod zu verleugnenden Überzeugung, daß er allein die Substanz besitzt, das Grauen zu bannen und die Opfer zu versöhnen." In dieser Konzeption übernimmt der Dichter den religiösen Auftrag in einer glaubenslosen Zeit. Das ist ein Gedanke, den sich Gottfried Benn auf seine Weise von Nietzsche angeeignet hat: in der Kunst, die Transzendenz zu finden, die den Tod bestehen kann. Es ist allerdings gerade die Position, die der marxistischen, antimetaphysischen Fortschrittsgläubigkeit entgegensteht, da der Marxismus die Leiden und die Opfer der einzelnen im geschichtlichen Prozeß zugunsten eines erstrebten glücklichen Endzustandes einordnen und akzeptieren kann.

Gebührt Carlton ein Denkmal? [90)]

Ähnlich wie in dem Bericht über die englische Spionin Edith Cavell steht ein Menschenschicksal im Mittelpunkt des kurzen Prosastücks. Der Text beginnt mit einer reportagehaft anmutenden Einführung in den Sachverhalt, woran sich im zweiten Teil eine philosophische Betrachtung anschließt. Das Prosastück ist ein Musterbeispiel eines Essays, einer kürzeren, subjektiv gestalteten Abhandlung in künstlerischer Form. Über die allgemeine Definition dieser literarischen Gattung hinaus fällt die besondere Diktion Benns sogleich ins Auge: Dieser Autor beweist kaum, er überredet nicht, er stellt dar. „Ich erzähle, weil es interessant ist", so hat er einmal geäußert.

Benn fand den Stoff zu seiner Abhandlung in den Aufzeichnungen des amerikanischen Schriftstellers Paul de Kruif "The Hunger Fighters" (1928), die ihm in der deutschen Übersetzung von Curt Thesing vorlag. Es geht darin um die Geschichte

---

90) Gottfried Benn, GW in 8 Bden, Bd 3, S. 763

des amerikanischen Weizenfachmanns Carlton, der mit der erfolgreichen Züchtung eines widerstandsfähigen Weizens zur Überproduktion und zur Weltwirtschaftkrise beigetragen hat. Aus diesem Sachverhalt ergab sich für Benn die pointiert formulierte Thematik seines Essays "Gebührt Carlton ein Denkmal?". Gebührt dem Züchter einer besonders widerstandsfähigen und dadurch besonders erfolgreichen Weizensorte ein Denkmal, obwohl sein Züchtungsergebnis zur Weltwirtschaftskrise von 1930 in entscheidendem Maße beigetragen und damit zahllose Existenzen vernichtet hat?

Die Gliederung des Textes ist scharf auf diese Themafrage bezogen; der Autor unterscheidet deutlich zwei Hauptteile der Darstellung: die Mitteilung des Sachverhalts und die Ausmalung seiner Folgen. Den Schluß bilden Erörterung und Argumentation des Falles in allgemein philosophischer Sicht.

Im Mittelpunkt des ersten Teils steht das persönliche Schicksal des Weizenzüchters Carlton, der als Angestellter der Landwirtschaftskammer mit den Problemen und der damals herrschenden Not der Weizenfarmer von Kansas befaßt ist. Seine Züchtungsversuche bleiben so lange ohne Erfolg, bis er bei russischen Einwanderern eine besonders wetterfeste Weizensorte kennenlernt. Es folgt nun eine Reihe von bis ins Detail ausgemalten Versuchen Carltons, diese Getreidesorte an Ort und Stelle zu finden und sie in Kansas einzubürgern. Während seine Bemühungen dazu führen, für Amerika die Weizenmärkte zu erobern und den Wohlstand zu fördern, erweist sich an seinem persönlichen Schicksal der dem Sein innewohnende Widersinn: „Er, der das Nationalvermögen vertausendfacht hatte, stirbt im April 1925 in Peru in einer Baracke ohne Pflege zwischen Moskitos an akuter Malaria ...". Man hatte ihn entlassen, da er wegen familiärer Umstände hatte Schulden machen müssen. –

Der zweite Teil des Essays wird mit der Feststellung eingeleitet, daß die Qualität des neu gezüchteten Weizens zur Überproduktion geführt und dadurch zur Wirtschaftkrise wesentlich beigetragen hat. Alle folgenden Abschnitte, die sich mit der Erörterung dieses Problems befassen, werden – in wörtlicher bzw. leicht variierter Wiederholung – mit der thematischen Frage eingeleitet, – ein suggestiv eingesetztes Mittel, die Argumentation zu intensivieren und die Spannung zu steigern. Im Zusammenhang mit der wiederholten Frage "Gebührt Carlton ein Denkmal?" werden jeweils die sachlichen Zusammenhänge kurz resümiert: Der neu gezüchtete Weizen hat den Lebensstandard der Farmer erhöht, sie selbst aber der Arbeit entfremdet. Die Landflucht setzt ein, die amerikanische Weizenproduktion bricht zusammen, die Farmer verarmen.

An die Darstellung des Sachverhalts und seiner Folgen schließen sich die entscheidenden Schlußfragen an: „Welche Seite enthüllt mehr des Menschen speziellen Rang: Erfolg und Genuß oder Opfer und Mißlingen?" / „Hat die Erleichterung der Lebensbedingungen den großen menschlichen Sinn, den das vergangene Jahrhundert ihr zusprach?", – beides Fragen, die 1930 ebenso akut waren wie in Benns Gegenwart, wie auch noch heute, weil sie das menschliche Problem unseres Jahrhunderts berühren. Wir kennen die Antwort des Dichters, der der unbegrenzten Fortschrittsgläubigkeit mißtraut und für den die Weltgeschichte „nicht ein Boden des Glücks" ist, wie es in dem Prosastück "Wie Edith Cavell erschossen wurde" zum Ausdruck gebracht wird. Jedoch läßt er in dem Carlton-Text mit Blick auf die tragische Dialektik der Welt die Themafrage unbeantwortet: „... also entscheide jeder selbst."

Die Faszination des Essays liegt nicht allein in der Schärfe der Argumentation und in der Straffheit der Gliederung, sie liegt vor allem in der eigenwilligen Sprachform. Bei aller Knappheit nüchterner Berichterstattung, die sich eng an die realen Vorgänge hält, ist die Darstellung fesselnd durch die Anschaulichkeit der ausgemalten Details, abwechslungsreich und bewegt durch den häufigen Wechsel der Zeitstufen (vornehmlich Präsens 1-7) und durch die ohne Interpunktion eingeschobene wörtliche Rede. Auffällig ist auch hier Benns Vorliebe für den substantivischen Stil, wie er sich in den auf Satzteile reduzierten Aussagen manifestiert ("Verzweiflung der Frauen", "harte Jahre", "Armut" u.s.w.). Eine Neigung zu paradoxen Kontrasten zeigt sich an zahlreichen Stellen des Textes ("gibt Kochbücher heraus wie früher Regenkarten" "Farmhäuser zu Sommervillen"

– "Hühnerstall" in eine "Bibliothek" verwandelt u.s.w.). Ein besonderes Merkmal dieses Textes ist die häufige Einbeziehung des Lesers ("Folgen wir zunächst ..." – "Ein Augenblick Pause für Carlton selbst ..."), gesteigert durch die Aufforderung zur Entscheidung, die dem Leser selbst überlassen wird. –

Pallas [91)]

Der vorliegende Essay, den E. Buddeberg[92)] zu den schönsten zählt, die Benn geschrieben hat, ist 1943 verfaßt worden. Auch er ist ein Beispiel dafür, daß dieser Dichter eine besondere Vorliebe für antike Motive hat. Allerdings geht es hier weniger um das antike Motiv selbst als um die Betrachtung der griechischen Gestalt als eines mythischen Symbols, in dem Benn seine eigene dichterische Position umschrieben hat. Auf diesen aktuellen Bezug weist er in einem Brief an Oelze (10. 11. 43) hin: „... indem ich mein Programm weitermache, und ihm einige neue Seiten anfüge, einige, von denen ich den Eindruck habe, daß sie der heutigen geistigen Lage Ausdruck verleihen. Wenn Sie es später einmal zu Gesicht bekommen, erinnern Sie sich, daß es die Pallas-partie war, die ich meine."[93)] Wenn Benn hier von der „heutigen geistigen Lage" spricht, so meint er damit gewisse Tendenzen in seiner Gegenwart, die er in seinem Essay "Pallas" ironisch beleuchtet: es sind dies die geistfeindlichen biologischen Züchtungsgedanken von K. v. Frisch und die sogenannte Mutterrechtsphilosophie von L. Klages, – insgesamt Vorstellungen, denen er selbst früher nicht fern gestanden hat. Ein Jahrzehnt später, zur Zeit der Entstehung einiger kleinerer Essays ("Bezugssysteme" – "Physik 43" – "Pallas") bezieht er nun eine gewandelte Position, die er in dem mythischen Bild der Göttin Athene veranschaulicht. Sie steht für die Verteidigung der Welt als "spiritueller Konstruk-

---

91) Gottfried Benn. GW in 8 Bden, 3. Bd., S. 924

92) vgl. Else Buddeberg, Studien zur lyrischen Sprache Gottfried Benns, a.a.O., S. 17

93) zit. nach „Dichter und ihre Dichtungen". Gottfried Benn, a.a.O., S. 156

tion", als Gestaltungsphänomen des schöpferischen Geistes, wie es in Benns Begriff "Ausdruckswelt" von nun an umschrieben wird: „Das, was lebt, ist etwas anderes als das, was denkt. Dies ist eine fundamentale Tatsache von heute, wir müssen uns mit ihr abfinden ... Nicht nur abfinden: anerkennen, verteidigen die oresteische Epoche, die Welt als spirituelle Konstruktion, als transzendentale Apperzeption, die Existenz als geistigen Aufbau, das Sein als einen Traum von Form. Es ist schwer erkämpft dies alles, sehr durchlitten, dies und anderes dazu. Pallas erfand die Flöte – Rohr und Wachs –, ein kleines Ding. Auch unser Gehirn findet sich vor einer Raumbegrenzung. Wir können nur wenig umfangreiche Teilzentren bilden; horizontal und zeitlich lange Perspektiven zu entwickeln, ist uns nicht gegeben. Kleine Räume beschicken, meißeln auf Handflächengröße, enge Zusammenfassungen, knappe Thesen –; alles Weitere liegt außerhalb der Epoche."

Dieser Zentralgedanke, die Verteidigung des geistigen Prinzips gegen "Urgrund", "Urdunkel", "Urmunkel" – hier ist der o. erwähnte ironisierende Aspekt deutlich spürbar – des chtonischen Reiches der Mütter, gewinnt Gestalt in Athene Promachos, der Siegerin über die babylonische Urmutter Tiamath und die ägyptische Riesenschlange Apopis, in denen die dämonischen Mächte der Finsternis verkörpert sind. Ihr, der mutterlosen Tochter des Zeus, die der Stirn des Göttervaters entsprungen ist, wird die geistige Überwindung Babyloniens und Ägyptens durch Hellas zugeschrieben. Sie bezeichnet die griechische Wende zum Apollinischen, zum klaren, männlich geistigen Prinzip. In Pallas, die den Muttermörder schützt, begegnet dem dionysischen Rausch das strenge männliche Gesetz der Klärung: „Pallas, jenseits von Sapho und Maria, einmal fast überwältigt im Dunkel einer Grotte, immer im Helm, nie befruchtet, kinderlose Göttin, kalt und allein." In dieser antiken Gestalt, die Benn sich anverwandelt, enthüllt er seine eigene dichterische Existenz und erteilt zugleich eine Absage an die damals modernen Rufe nach dem "Retournons à la nature" (Ernst Bergmann). Diesen Strömungen der Zeit setzt er hier sein ästhetisches Programm entgegen: „Es nähert sich das

Gesetz der Kälte, der geringen Gemeinschaft. Aus dem Blut erneuern sich die Tiere, an den Lenden erschöpft sich die Natur; nach ihr – vor ihr im Zyklus der Stunden erschien der Geist, brach hervor zum ersten Mal in einem geschaffenen Wesen und erfüllte es mit dem Traum des Absoluten. Auch Träume zeugen, Bilder weben, Begriffe brennen Sache und Ding – Asche und Erde, Schlacke wir. Nietzsche sagt, die Griechen regenerierten und berichtigten sich immer wieder an ihren physiologischen Bedürfnissen, das erhielt ihr Leben – es mag so gewesen sein, aber seine eigenen physiologischen Bedürfnisse hießen Erkenntnis, das war die neue Biologie, die der Geist verlangte und schuf. Aus der Sinnlosigkeit des materiellen und geschichtlichen Prozesses erhob sich eine neue Realität, geschaffen von den Beauftragten der Formvernunft, die zweite Realität, erarbeitet von langsamen Sammlern und Herbeiführern gedanklicher Entscheidungen. Es gibt kein Zurück. Keine Anrufung Ischtars, kein Retournons à la grand' mère, keine Beschwörung der Mutterreiche, keine Inthronisierung Gretchens über Nietzsche kann etwas daran hindern, daß es einen Naturzustand für uns überhaupt nicht mehr gibt. Wo Mensch im Naturzustand vorhanden ist, hat er paläontologischen und musealen Charakter ... sein existentieller Auftrag lautet nicht mehr natürliche Natur, sondern bearbeitete Natur, gedankliche Natur, stilisierte Natur-Kunst."

Dem Sachverhalt der o. zitierten Zeilen ist wenig hinzuzufügen. Er enthält Benns Evangelium absoluter Kunst, wie er es, von Nietzsche angeregt, in der Gestalt und Wirkung der Pallas Athene zu überzeitlichem Leben erweckt hat. Diese substantivische Prosa, in der Adjektive und vor allem Verben auf ein Minimum reduziert sind, zeichnet in harten sparsamen Strichen die antike Göttergestalt, die der Dichter zum Sprachrohr seiner eigenen Ideen macht: „– es gelten nur die abgeschlossenen Gebilde, die Statuen, die Friese, der Schild des Achill, diese sind ohne Ideen, sagen nur sich selbst und sind vollendet." Auffällig in diesem Prosastück von höchster sprachlicher Konzentration ist der Gebrauch der Tempora: der Präsens herrscht vor, wodurch die Aktualität des mythischen Geschehens auch sprachlich artikuliert wird. –

Unterrichtspraktische Hinweise

Einleitende Bemerkungen

Benn ist ein schwieriger Dichter; er fordert von seinem Leser, sich von gewissen herkömmlichen poetischen Vorstellungen zu lösen und in ihm eine Position ins Auge zu fassen, die den "Mut zum Extrem"[94] hat. Er war der lyrische Abgott der fünfziger Jahre und das heimliche Vorbild heranwachsender Dichter, die fast alle – ob Bewunderer oder Gegner – seinen "Tonfall" nicht verleugnen können. Die Manifestation dieser "Geistwelt" war die "Herausforderung durch das Wort", die "Transzendenz der Form". Seine Verse waren stärker als die Vorbehalte der öffentlichen Meinung, die ihm seine vorübergehende Hinwendung zum Nationalsozialismus weniger als anderen verzeihen konnte, seine Formulierungen faszinierender als gewisse kritische Abwertungen auf dem literaturwissenschaftlichen Feld (s. Walter Muschg "Abrechnung mit Benn". In: Welt und Wort 12, 1957, S. 39-41).

Es ist offensichtlich, daß der Zugang zu einer so differenzierten, jeder Tagesvorstellung von Kunst und Kultur so diametral entgegengesetzten Gestalt für den jungen Leser der Gegenwart nicht einfach ist und wohl auch ohne gewisse Orientierungen kaum gelingen kann. Immerhin haben eigene Erfahrungen im Hinblick auf den Umgang mit Benn-Texten im Unterricht der gymnasialen Oberstufe erwiesen, daß eine Sprache wie diese die Seinshaltung der jungen Menschen zu treffen vermag. Darüber hinaus gibt es noch ein anderes Argument, weshalb er ihnen nicht vorenthalten werden darf: Er stand als Schlüsselfigur in der ersten Hälfte unseres Jahrhunderts, er – wie kein anderer zuvor – sprach die Sprache unserer Zeit, er avisierte unbeirrt und schonungslos die Situation des modernen Ichs im technisch-naturwissenschaftlichen Zeitalter. Niemand kann an der geistig-künstlerischen Ausstrahlungskraft dieser Erscheinung ohne Beachtung und

---

[94] Dieter Wellershoff: Gottfried Benn. Phänotyp dieser Stunde. Köln 1958, S. 12

nähere Kenntnis vorübergehen. Darum stimmen wir Eichmann zu, wenn er sagt:

„Es wäre didaktisch schwer zu verantworten, einen Dichter, der in den fünfziger Jahren das Gehör der westdeutschen Intellektuellen in einem Maße gefunden hatte, wie es kein augenblicklich lebender Autor hierzulande von sich behaupten kann, aus den curricular abgesegneten Stoffangeboten zu vertreiben, etwa zugunsten modischer Kommunikationseuphorien oder Literatursoziologeme."[95]

So schwierig seine Dichtung und das Verständnis seines Werkes auch dem ungeschulten Leser sein mag, so berechtigt uns das keineswegs dazu, ihn zu simplifizieren und die Darstellung seiner Werke auf die "schönen", sogenannten "Anthologiegedichte" zu reduzieren. Ein Wort von ihm selbst ist in dieser Beziehung aufschlußreich; es betrifft Oelzes Urteil über Benn als Dichter, das dieser einmal in einem Brief an Lohner erwähnt: „Sein (Oelzes) Urteil wird immer klug sein, er ist Bremer Gentry ... seine Ästhetik ist vielleicht ein ganz klein wenig klassizistisch, er hat sich ein ganz bestimmtes Bild von mir gemacht und ist eigentlich immer böse, wenn ich etwas Neues schreibe, das nicht ganz in dies Bild paßt."[96]

Es muß daher beabsichtigt werden, in der Auswahl der Texte als Thema einer Unterrichtsstunde in der gymnasialen Oberstufe den ganzen Benn zu bieten, das "ganze Massiv", wie er es selbst einmal ausgedrückt hat. Um ein Gesamtbild von ihm zu gewinnen, müssen die explosiven Sektionsgedichte der "Morgue", die ekstatischen "Rönne-Novellen" der expressionistischen Phase Benns ebenso zu Wort kommen wie die formvollendeten "Statischen Gedichte" der späteren Zeit. Auch müssen Kurztexte wie etwa "Gebührt Carlton ein Denkmal?" u.a. berücksichtigt werden, da an ihnen die neue aggressive Form des Essays demonstriert werden kann.

Zur Methode der Anordnung und Reihenfolge der Textdarbietung wird vorgeschlagen, in einer etwa zehnstündigen Unter-

---

95) Walter Eichmann, Gottfried Benn. Limes Verlag 1974, S. 142

96) Brief Benns an Lohner v. 19. II. 1952. In: Edgar Lohner, Passion und Intellekt. Die Lyrik Gottfried Benns. Fischer S. 290

richtsreihe Lyrik und Prosa nebeneinander – nicht gesondert – zu erarbeiten. Als Literatur für die Hand des Schülers (Lyrik) empfehlen wir die Fischerausgabe der Gedichte in der Fassung der Erstdrucke, die auch den Einzelinterpretationen des vorliegenden Bandes zugrundegelegt wurden.

Unterrichtsreihe

Thema: "Herausforderung durch das Wort"
Ausgewählte Lyrik und Prosa von Gottfried Benn

Unterrichtsplanung und Aufgabenvorschläge im Rahmen der gymnasialen Oberstufe (ca. 10 Stunden)

Einführung

A. Daten zu Leben und Werk Gottfried Benns (Lehrervortrag)

B. Die Dichtergeneration des Expressionismus
"Das Wesen des literarischen Expressionismus"
(vgl. Edgar Neis "Impressionismus und Expressionismus in deutscher Literatur" Bange Verlag 1983)
(Lehrervortrag)

I. Teil der Unterrichtsreihe

Die frühexpressionistische Phase G. Benns

a) Aus dem Gedichtzyklus "Morgue"
"Kleine Aster"
"Schöne Jugend"
"Mann und Frau gehn durch die Krebsbaracke"

Einleitung

Verlesen des Benn-Textes zur Entstehung der Sektionslyrik (s. Interpretationen im vorliegenden Band).

Aufgabenvorschläge und erschließende Fragen

1) Worin liegt die Provokation dieser Lyriktexte?
(Irreführung der durch den Titel erweckten Assoziationen – radikale Umdeutung der herkömmlichen Vorstellungen von Lyrik)

2) Ist es verständlich, daß diese Texte von der zeitgenössischen Kritik als "Perversitäten" angeprangert wurden?
(s. dazu: Klett, G. Benn. Stationen s. Lebens u. Denkens. 1982. Materialien, S. 85)

3) Stimmen Sie diesem Urteil zu oder lassen Sie die Meinung Ernst Stadlers gelten, der hinter dem brutalen Naturalismus der Texte ein starkes mitleidendes Gefühl gespürt hat?
4) Betrachten Sie unter diesem Gesichtspunkt das Gedicht "Mann und Frau gehn durch die Krebsbaracke".
   (s. Interpretationen im vorliegenden Band.)
5) Diskutieren Sie den folgenden Ausspruch des Expressionisten Ernst Stadler: „Wer Lebensvorgänge mit solcher Knappheit und Wucht zu gestalten und in so schicksalsvollen Gedichten auszuweiten vermag, ist sicherlich ein Dichter."
6) Analysieren Sie Motivik, Struktur, Wortwahl und Form der Gedichte.
   (s. Interpreationen im vorliegenden Band.)

b) Aus dem Gedichtzyklus "Söhne"
   "Schnellzug"

Leitfrage zur Erschließung des Gedichts:

Welche Rolle spielt das im Expressionismus häufig auftretende Generationsproblem in diesem Gedicht?

c) Aus den "Rönne-Novellen"
   "Gehirne"

(Es ist anzuraten, diese erste der Rönne-Novellen im Unterrichtsgespräch (nach häuslicher Lesung) zu erarbeiten, da in diesem Text die Grundtendenz des gesamten Zyklus anklingt. Zur Ergänzung können dann die übrigen Erzählungen dieser Prosa-Reihe als Referate verteilt werden.)

Zur Information: Die biographische Situation der Rönne-Prosa (Lehrervortrag)

Aufgabenvorschläge zum Text

1) Stellen Sie zunächst fest, was für das Verständnis des Textes wichtig ist: Ort, Zeit, Situation, die Gestalt (Rönne). Dazu Hinweise des Lehrers auf Benns eigenen Kommentar der Rönnegestalt im "Lebensweg eines Intellektualisten" (s. Interpretationen im vorliegenden Band.)

2) Welche Bedeutung hat die biographische und professionelle Situation für die Problematik der Rönne-Novellen?

3) Untersuchen Sie das Verhältnis von epischer Darstellung und innerem Monolog in der Erzählung "Gehirne".
(Zur Information: Definition des inneren Monologs als Gegensatz zur erlebten Rede – Er enthält assoziative Einfälle, Erinnerungsfetzen, Angst- und Hoffnungsvorstellungen, Bedrängungen, Wünsche und Träume. Diese Aussagen: unzusammenhängend, fragmentarisch)

4) In welcher Weise wird die Selbstauflösung und Selbstentfremdung des modernen Ichs in der Situation des Arztes Rönne dargestellt? Wie spielt sich die Bewußtseinslage des heutigen Menschen in der frühexpressionistischen Prosa Benns? Weisen Sie auf die betreffenden Stellen des Textes hin.

5) Untersuchen Sie die Position des Ichs (Rönne) im Verhältnis zur Realität.

6) Prüfen Sie die Aussageweise dieser expressionistischen Prosa an der Textgestalt.

Als ergänzendes Material kann der Text von Hugo von Hofmannsthal (1874-1929) "Der Brief des Lord Chandos" aus: Ges. Werke in Einzelausgaben, Prosa 2, S. Fischer Verl., Frankf. a. M. 1951 herangezogen werden („Es ist mir völlig die Fähigkeit abhanden gekommen, über irgendetwas zusammenhängend zu denken oder zu sprechen." – „... die abstrakten Worte, deren sich doch die Zunge naturgemäß bedienen muß, um irgendwelches Urteil an den Tag zu geben, zerfielen mir im Munde wie modrige Pilze.")

II. Teil der Unterrichtsreihe

Gedichte und Prosa aus Benns mittlerer und später Schaffensperiode

a) "Können Dichter die Welt ändern? (1930) Rundfunkdialog
Zur Vorgeschichte des Rundfunkdialogs: Der Literaturstreit in der sozialistischen Literaturzeitschrift "Die neue Bücherschau" (Becher und Kisch contra Benn) s. Materialien dazu Interpret. im vorliegenden Band.

Aufgabenvorschläge

1) Inwiefern dient die Form des Dialogs der besonderen Absicht des Dichters? Weisen Sie die antithetische Struktur des Textes auf!

2) Welche Auffassung von der Kunst vertritt Benn in diesem Dialog?

3) Vergleichen Sie zur Klärung dieser Frage folgende konträre Thesen:
Benn: „Kunstwerke sind phänominal, historisch unwirksam, praktisch folgenlos“
Becher: „Unsere Literatur kann, wenn sie die Massen ergreift, zur materiellen Gewalt werden und ein bedeutendes Teil dazu beitragen, die Welt zu verändern.“
(Zum Vergleich: Welches humanitäre Element enthält z.B. das Werk von Bert Brecht?)

Hinweis: Es ist zu empfehlen, im Zusammenhang mit der These "absolute Kunst", wie sie im Rundfunkdialog theoretisch vertreten wird, die Besprechung lyrischer Texte aus Benns späteren Schaffensperioden anzuschließen.

b) Auswahl aus den "Statischen Gedichten"
(s. Einzelinterpretationen lyrischer Texte im vorliegenden Band)

1) Definition des Begriffs Statik bei Benn: Rückzug auf Maß und Form, Entwicklungsfremdheit

2) Betrachten Sie eine Auswahl aus den "Statischen Gedichten" im Hinblick auf Motivik und Thematik: Naturmotivik ("Astern" – "Anemone" – "Einsamer nie" – "Tag, der den Sommer endet"), Finalität ("Verlorenes Ich") – Kunst als Thema ("Ein Wort" – "Leben – niederer Wahn" – "Gedichte") – Das südliche Wort ("Mittelmeerisch").

3) Welche Formen beherrschen die späteren Gedichte Benns? (Substantivischer Stil). Untersuchen Sie Syntax und Satzzeichen (Gedankenstrich, Doppelpunkt) in den Beispieltexten!

4) Was versteht man unter dem für Benn charakteristischen "Parlando-Stil"? (Beispiele: "Menschen getroffen" – "Reisen" u.a.)

c) Die späten Gedichte

"Ebereschen"

"Letzter Frühling"

"Kann keine Trauer sein"

Leitfrage der Besprechung

Welche Themen beherrschen die Altersgedichte? (Abschied – Resignation – Spät – Finalität – Trauer)

d) Beispiel aus Benns essayistischer Kurzprosa

"Gebührt Carlton ein Denkmal?"

Einführung

Es wird empfohlen, den Text durch Vorlesen (Lehrervortrag) den Schülern bekannt zu machen.

Erschließende Fragen und Aufgabenvorschläge

1) Um welche Kunstform handelt es sich bei diesem Text? – Essay

2) Was verstehen Sie unter einem Essay? Erarbeitung des Begriffs im Klassengespräch.
Zur Information: Essay = kürzerer, bewußt literarisch-ästhetisch gestalteter, subjektiv gehaltener Prosatext,

häufig in Form einer Abhandlung über ein weltanschauliches bzw. philosophisches Problem.

3) Welche Besonderheiten stellen Sie – im Hinblick auf die Überschrift – am vorliegenden Text fest?

4) Umschreiben Sie in kurzer Zusammenfassung das Thema des Essays.

5) Untersuchen Sie die Gliederung des Textes. (Zwei Hauptteile – die jeweiligen Abschnitte durch die Titelfrage eingeleitet)

6) Wodurch gewinnt der Text seine spannende Wirkung?

7) Worin liegt die besondere Struktur des Carlton-Essays?

8) Wo liegt Ihrer Meinung nach die Hauptaussage des Textes? (Absatz XIV, in dem der Autor die tragische Dialektik alles Seins an Hand alternativer Aspekte aufdeckt und erläutert)

9) Worin liegt die Besonderheit der Schlußwendung? (Der Autor überläßt dem Leser die Lösung)

Der Text enthält eine starke Motivation zur Diskussion, da das hier betrachtete Problem auch heute noch aktuell ist. – Auch bietet sich hier eine schriftliche Beantwortung der Schlußfrage als Klassenarbeit an.

Als Referat-Aufgabe kann der im vorliegenden Band interpretierte Kurztext "Wie Miß Cavell erschossen wurde" angeschlossen werden, da er sich ähnlich wie "Carlton" zur Diskussion eignet.

Literaturverzeichnis

Werke, Einzelausgaben und Briefe

Gottfried Benn: Gesammelte Werke in vier Bänden, hrsg. von Dieter Wellershoff. Limes Verlag, Wiesbaden 1959-1961

Gottfried Benn: Gesammelte Werke in acht Bänden, hrsg. von Dieter Wellershoff. Limes Verlag, Wiesbaden 1968

Gottfried Benn: Das Hauptwerk, hrsg. von Marguerite Schlüter. Limes Verlag Wiesbaden u. München 1959,65,77,80

Gottfried Benn: Gesammelte Werke in der Fassung der Erstdrucke. Fischer Taschenbuchverlag 1980, vier Bände. Erschienen: Gedichte (5231), Prosa und Autobiographie (5232).

Gottfried Benn: Sämtliche Werke. Klett-Cotta-Ausgabe. In Verbindung mit Ilse Benn hrsg. von Gerhard Schuster. Erschienen: Gedichte 1 u. Gedichte 2.

Gottfried Benn: Lyrik. Auswahl letzter Hand. Mit einem Essay von Max Rychner. Limes Verlag, Verlag der Arche. 1956 und 1975.

Gottfried Benn: Ausgew. Gedichte. Hrsg. von Gerd Haffmans. Diogenes 1973.

Das Gottfried Benn Lesebuch, hrsg. von M. Niedermeyer u. M. Schlüter. Diogenes.

Gottfried Benn: Briefe an F. W. Oelze, hrsg. von H. Steinhagen u. Jürgen Schröder. Zwei Bände (1932-49) Limes Verlag 1977.

Gottfried Benn: Briefwechsel mit Paul Hindemith. Fischer Taschenbuchverlag (5466).

Gottfried Benn / Max Rychner: Briefwechsel 1930-1956. Cottas Bibliothek der Moderne.

Gottfried Benn: Ausgewählte Briefe. Fischer Taschenbuchverlag (5465).

Gottfried Benn: Das gezeichnete Ich. Briefe aus den Jahren 1900-56, dtv, 3. Aufl. 1975.

II. Sekundärliteratur

Biographien und Materialsammlungen

Lennig, Walter: Gottfried Benn in Selbstzeugnissen und Bilddokumenten. Paul Raabe, Reinbek (Rowohlt) 1962.

Koch, Thilo: Gottfried Benn. Ein biographischer Essay. Fischer Taschenbuchverlag 1986 (680).

Sörensen, Nele P.: Mein Vater Gottfried Benn. Wiesbaden (Limes) 1960.

Wodtke, Friedrich Wilhelm: Gottfried Benn. Stuttgart Metzler 1970.

Eichmann, Walter: Gottfried Benn. Auswahl und Erläuterungen. Limes Verlag 1970.

Gottfried Benn: Stationen seines Lebens und Denkens. Textausgabe mit Materialien. Stuttgart (Klett-Cotta) 1980.

Gottfried Benn: Dichter über ihre Dichtungen. Heimeran/ Limes 1951.

Allgemeine Darstellungen

Lohner, Edgar: Gottfried Benn. Bibliographie. Wiesbaden (Limes) 1958.

Schünemann, Peter: Gottfried Benn. München (C.H. Beck / edition text + kritik) 1977 (Autorenbücher 6).

Uhlig, Helmut: Gottfried Benn. Berlin (Colloquium) 1961.

Jens, Walter: Sektion und Vogelflug. Gottfried Benn. In: W. J., Statt einer Literaturgeschichte. Pfullingen (Neske) 1957, S. 133-157.

Nef, Ernst: Das Werk Gottfried Benns. Zürich (Arche) 1958.

Wellershoff, Dieter: Gottfried Benn. Phänotyp dieser Stunde. Köln u. Berlin (Kiepenheuer + Witsch) 1958.

Gottfried Benn. Züge seiner dichterischen Welt (1949). In: G. Benn, hrsg. v. Bruno Hillebrand. Wissenschaftl. Buchgesellschaft Darmstadt 1979.

Zu einzelnen Problemen und Werkgruppen

Requad, Paul: Gottfried Benn und das "südliche Wort". In: Die Bildersprache der deutschen Italiendichtung von Goethe bis Benn. Francke Verlag Bern und München. 1962. S. 282-302.

Lohner, Edgar: Passion und Intellekt. Die Lyrik Gottfried Benns. Fischer Taschenbuchverlag 1986 (6495).

Bense, Max: Versuche über Prosa und Poesie. Zu Gottfried Benns frühen Publikationen (1950) In: G. Benn, hrsg. von Bruno Hillebrand. Wissenschaftl. Buchgesellschaft. Darmstadt 1979, S. 59-68.

Heselhaus, Clemens: Die rhythmische Ausdruckswelt von Gottfried Benn. In: C.H., Deutsche Lyrik der Moderne von Nietzsche bis Yvan Goll. Düsseldorf (Bagel) 1961, S. 258-285.

Meyer, Theo: Gottfried Benn und der Expressionismus. Unter besonderer Berücksichtigung der Lyrik (Originalbeitrag 1977). In: G.B., Wissenschaftl. Buchgesellsch. Darmstadt, S. 379-408.

Hillebrand, Bruno: Gottfried Benn u. Friedrich Nietzsche (Originalbeitrag 1977). In: G.B., Wissenschaftl. Buchges., S. 409-434.

Homeyer, Helene: G. Benn und die Antike. In: G.B., Wissensch. Buchges., 1977, S. 83-96.

Martini, Fritz: Gottfried Benn. Der Ptolemäer. In: Das Wagnis der Sprache. Interpretationen deutscher Prosa von Nietzsche bis Benn. Stuttgart (Klett) 1954, S. 465-517.

Killy, Walther: Der Tränen nächtige Bilder. Trakl und Benn. In: W.K., Wandlungen des lyrischen Bildes. Göttingen 1971. Kleine Vandenhoeck-Reihe 22/23/23a.

Buddeberg, Else: Studien zur lyrischen Sprache G. Benns. Pädagogischer Verlag Schwann, S. 23.

Krull, Wilhelm: Die Welt hinter den Augen des Künstlers? In: Text u. Kritik. Bd. 44.

Schmiele, Corona: Die räumliche Frage in der Lyrik G. Benns. In G. Benn, hrsg. v. Hillebrand. Wissensch. Buchges. Darmstadt 1979, S. 374.

Lüders, Eva-Maria: Das lyrische Ich und das gezeichnete Ich. Zur späten Lyrik G. Benns. In WW 15, 1965, S. 381.

Grimm, Reinhold: Die problematischen "Probleme der Lyrik" (1967). In: G. Benn, hrsg. von Bruno Hillebrand. Wissenschaftl. Buchges. Darmstadt 1979, S. 206-239.

Gerth, Klaus: Absolute Dichtung? Zu einem Begriff in der Poetik Gottfried Benns (1968). In: G. Benn, hrsg. von B. Hillebrand, Wissenschaftl. Buchges. Darmstadt 1979, S. 240.

Steinhagen, Harald: Die Statischen Gedichte von Gottfried Benn. Klett 1969.

Möller, Joachim: Zur Thematik der Bennschen Lyrik. In: Der Deutschunterricht, Jg. 14 (1962) H. 3, S. 60-75.

Allemann, Beda: Statische Gedichte. In: Interpretationen 1. Deutsche Lyrik von Weckherlin bis Benn. Fischer Bücher des Wissens, 1965, S. 326.

Ohl, Hubert: Vergänglichkeit und Dauer. G. Benns Gedicht "Tag, der den Sommer endet". In: WW 1971, H. 2.

dtv Kindlers Literatur Lexikon Band 15

* * * * *

SCHACHLITERATUR

GESAMTVERZEICHNIS

Joachim Beyer Verlag
Thomas Beyer Verlags GmbH
Langgasse 23 – Postfach 1240
D–8607 Hollfeld/Ofr.
Tel.: 09274/401

Günter Lossa
So lernt man Schach
Ein Leitfaden für Anfänger des königlichen Spiels
108 Seiten
124 Diagramme
7 Fotos

Schach gilt als das vollkommenste Brettspiel, das wir kennen. Phantasie, strategisches Geschick und taktisches Einfühlungsvermögen sind erforderlich um eine gute Partie Schach spielen zu können. Diese Eigenschaften werden neben dem gründlichen Erlernen der Spielregeln durch dieses Buch geweckt und geschult. Nicht langatmige theoretische Erläuterungen sondern praktisches Nachspielen ausgesuchter Lehrbeispiele in zusammenhängenden Spielabläufen machen dem Anfänger jeden Alters die tiefgründigen Gedankengänge der Figurenbewegungen auf den 64 Feldern leicht verständlich.

Claude Santoy
Bernd Feustel
Schule des Schachs
Vorwort von Großmeister Lothar Schmid
160 Seiten
250 Diagramme
150 Fotos

Die französische Schachmeisterin Claude Santoy und der für die deutsche Überarbeitung des Originals verantwortlich zeichnende FIDE-Meister Bernd Feustel versuchen mit diesem Buch, dem am Schach interessierten Laien das königliche Spiel in seinem ganzen Facettenreichtum nahezubringen. Es wurde dabei eine Synthese angestrebt zwischen Lehr- und Übungsbuch, zwischen informativer und unterhaltsamer Tendenz. Dabei werden dem beginnenden Schachjünger behutsam auch die Begriffe aus Caissas Reich nahe gebracht und erläutert, denen er später auf Schritt und Tritt begegnet.

J. Awerbach
A. Kotow
M. Judowitsch
Das Schachbuch für Meister von Morgen
Ein Lehr- und Trainingswerk – nicht nur für den Nachwuchs
228 Seiten
452 Diagramme
48 Fotos

Das vorliegende Werk ist die Übersetzung eines der erfolgreichsten sowjetischen Schachbücher. Es wurde in der UdSSR als Begleitbuch zu einer Schach-Lehrreihe des Fernsehens konzipiert und kann durch seinen guten didaktischen Aufbau gewiß auch hierzulande zur Ausbildung und Schulung empfohlen werden. Alle drei Partiephasen werden in diesem Buch zusammengefaßt dargeboten. Dabei haben die renommiertesten sowjetischen Schachpädagogen ihr jeweiliges Spezialgebiet behandelt. Das Lehrwerk ist zur systematischen Einführung junger Schachenthusiasten geeignet.

G. Treppner / R. Seppeur
Schachhandbuch für Fortgeschrittene
Vorwort von Großmeister Dr. Helmut Pfleger
176 Seiten
286 Diagramme
3 Fotos

Die Autoren – zwei namhafte Bundesligaspieler – behandeln mit großem pädagogischen Geschick sämtliche Partiephasen des Schachspiels (Mittelspiel, Eröffnung und Endspiel) auf der nächsthöheren, an die Lehrbücher des Deutschen Schachbundes anschließenden Stufe. Dabei ist ein Sammel- und Nachschlagewerk über die strategischen, taktischen und theoretischen Grundlagen des modernen Schachs entstanden. Die grundlegenden Erkenntnisse und Aussagen des Buches sind praxisnah durch neue Partiebeispiele illustriert. Als Trainings- und Übungsbuch eignet es sich besonders für starke Amateure.

IM Otto Borik
Schachtraining 1
144 Seiten
245 Diagramme

Was ist zu tun, um besser Schach zu spielen? Die einfachste Methode besteht in einem gemeinsamen Training mit einem erfahrenen Schachtrainer. Die wirklich guten Trainer sind aber dünn gesät, und außerdem kann die ganze Angelegenheit recht kostspielig werden. Mit dem Erscheinen dieses Buches sollte das Problem nunmehr gelöst sein. In dieser Publikation sind mehr als 100 Stunden Schachtrainings zusammengefaßt, basierend auf der Serie Schachtraining aus der bekannten Schachzeitschrift »Schach-Magazin 64«. Das Redaktionsteam unter der Leitung des Internationalen Meisters Otto Borik schuf das erste, bisher einzige Schachtrainingsbuch in deutscher Sprache.

IGM Vlastimil Hort
IM Borik
Die moderne Verteidigung
2. aktualisierte Auflage
156 Seiten
118 Diagramme

In der jahrhundertealten und daher entsprechend umfangreichen Familie der Schacheröffnungen ist die »moderne Verteidigung« eines der jüngsten Kinder, das bisher – regional unterschiedlich – auf viele Namen hört: Pirc-Verteidigung, Ufimzew-Eröffnung, Robatsch-Verteidigung und Königsfianchetto dürften die bekanntesten hiervon sein. Viele Weltklassespieler haben diese Eröffnung in ihr Repertoire aufgenommen, so auch der tschechische Großmeister Vlastimil Hort, mit dem sich nun ein Praktiker zu Wort meldet, der die Entwicklung dieses Verteidigungssystems seit mehr als 20 Jahren beobachtet und mitgeprägt hat. Sein Werk ist das umfangreichste und wichtigste zu diesem Themenkomplex.

Herausgeber Fernschachweltmeister
Jakow B. Estrin
Weltmeister lehren Schach
2. neubearbeitete Auflage
288 Seiten
95 Diagramme
14 Fotos

Sämtliche Schachweltmeister tragen mit ihren Abhandlungen und Analysen zu diesem einzigartigen Lehr- und Lesebuch bei. Dem Leser werden vor allem zwei Dinge verdeutlicht; daß die zu Worte kommenden Weltmeister sämtlich auch hervorragende Schachpädagogen sind bzw. waren, die mit großem Geschick Einblick in ihre Denkweise zu geben verstehen, und daß es vollauf berechtigt ist, von verschiedenen Stilarten der Schachmeister zu sprechen. Beiträge von einem Schachmediziner zur »psychologischen Vorbereitung« und von Jakow B. Estrin zu seiner Domäne, dem Fernschach, vervollständigen das Buch.

FM Bernd Feustel
Eröffnungen – Abseits aller Theorie
2. neubearbeitete Auflage
124 Seiten
88 Diagramme
20 Fotos

Im Zeichen einer immer mehr verwissenschaftlichten, perfektionierten Eröffnungstheorie ist eigenschöpferisches, kreatives Schach rar geworden. Viele Partien beginnen erst beim 25. Zuge richtig, nachdem zuvor auswendig gelernte und oft unreflektierte Varianten von den Schachjüngern aus dem Gedächtnis abgespult wurden. Wer eine Vorliebe für solche ausanalysierten theoretischen Zugwechsel hat, der sei vor der Lektüre dieses Buches gewarnt. Es wendet sich nämlich lediglich an diejenigen Schachfreunde, die gerne eigene Weg aufsuchen und einschlagen. Wer in seiner Spielanlage aber ein eigenes Profil sucht, findet in diesem Buch zahlreiche Anregungen.

FM Bernd Feustel
Keine Angst vor Großmeistern
Bemerkenswerte Außenseitersiege am Schachbrett
128 Seiten
58 Diagramme
32 Fotos

Durch die immense Zunahme an Open-Turnieren bietet sich heute häufiger als je zuvor in der Geschichte des Schachsports auch ehrgeizigen Amateuren die Gelegenheit mit Weltklassegroßmeistern in den Wettbewerb zu treten. Dabei macht sich zwar in den meisten Fällen die größere Routine der Profis spielentscheidend bemerkbar, doch keineswegs immer. Oft genug sind es mittlerweile die Außenseiter, die siegreich das Brett verlassen. Dieses Buch soll anhand aktueller Partiebeispiele den Beweis dafür erbringen, daß auch Großmeister schwache Stunden haben, Fehler machen und besiegt werden können.

Horst Wolfram Geissler
A. Diel
8 x 8 = 64
82 Seiten
11 Zeichnungen

Schachliche Entwicklungsgeschichte eingebettet in die Kulturgeschichte der jeweiligen Zeit bieten die Autoren jedem Schachspieler, der auch von dieser Warte aus einen Bezug zu „seinem Spiel" finden will. Beginnend bei König Artus' Rittern der Tafelrunde des 6. Jahrhunderts, reiht sich Verblüffendes an Anekdotenhaftes, Amüsantes; und zwar in einem sprachlichen Stil, der immer genauso informativ wie unterhaltend bleibt. Eine Rarität unter den Schachbüchern – gewiß entspannender und vergnüglicher zu lesen als die durchschnittlichen Werke der Schachliteratur – stellt dieser Band gleichsam eine Brücke dar zwischen Schachbuch und Belletristik. Ein Buch für alle Schachfreunde, die Schach nicht nur als Wettkampfsport betreiben möchten.

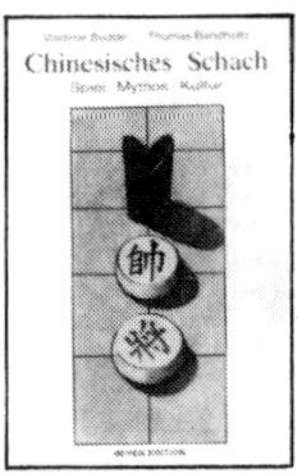

Vladimir Budde / Thomas Bandholtz
Chinesisches Schach
Spiel – Mythos – Kultur
120 Seiten – Zahlreiche Abbildungen
Kombination: Buch mit Schachspiel in Kassette

Der bekannte Schachautor Vladimir Budde und Thomas Bandholtz (Peter-Joseph-Lennée-Preisträger 1984) legen hiermit zum ersten Mal eine fundierte Einführung in die Spielweise und den kulturellen Hintergrund des Chinesischen Schachs in deutscher Sprache vor, die dem abendländischen Schachspieler wie auch dem an chinesischer Kultur interessierten, mit dem Schach bisher weniger vertrauten Leser eine leicht verständliche und inhaltlich zuverlässige Anleitung bietet.

Das Spiel stellt zugleich einen Figurensatz vor, der den verschiedenen Charakteren der chinesischen Spielsteine ebenso gerecht wird, wie den nüchternen Anforderungen an Funktionalität, die der heutige Schachspieler an seine Figuren zu stellen gewohnt ist.

Aus dem Inhalt:

Das Spiel:	Regeln, Gangart und Wirkungsweise der Figuren
	Die Wirkungsweise der Kanonen
	Musterpartie zur Einführung
	Endspiel und vieles andere mehr.
Der kulturelle Hintergrund:	Chinesische Spieltradition und Schachvorläufer
	Die Ballance zwischen Yin und Yang als Spielinhalt
	Orakel, Astrologie und Spiel
	Das Rätsel um das indische Urschach Chaturanga u. vieles mehr.

van Fondern
Dr. P. Beyersdorf
Schachweltmeisterschaft 1978
Karpow - Kortschnoi
224 Seiten
44 Diagramme
8 Fotos
Die Autoren, ein Schachexperte und ein Journalist, geben einen umfassenden Überblick über den WM-Zyklus 1976-1978. Von den Interzonenturnieren Manila und Biel wurden die besten Partien ausgewählt; sämtliche Kandidatenkämpfe sind vollständig kommentiert, ebenso wie die Partien des Finalkampfes Karpow - Kortschnoi.
Aufgelockert und bereichert wird der rein schachliche Teil durch die informativen Hintergrundberichte vom Ort des Geschehens, die verdeutlichen, daß Schachweltmeisterschaftskämpfe längst zu einem Politikum geworden und ins Rampenlicht der internationalen Öffentlichkeit getreten sind.

P. Beyersdorf
V. Budde
L. Nikolaiczuk
Schachweltmeisterschaft 1981
Karpow - Kortschnoi
272 Seiten
96 Diagramme
14 Fotos
Ähnlich wie bei dem Band zur Schach-WM 1978 wird auch hier wieder die Arbeitsteilung zwischen zwei deutschen Meisterspielern und einem Journalisten vollzogen. Auf diese Weise ist dafür gesorgt, daß neben kompetenter Information von Schachexperten auch die Geschehnisse im Hintergrund, die Atmosphäre und die Ereignisse neben dem Schachbrett in unterhaltsamer und lebendiger Form vermittelt werden. Der rein schachliche Teil bringt Eröffnungsbetrachtungen, Analysen und Partiekommentare von großer Ausführlichkeit. Chronologisch werden über 80 Partien des gesamten WM-Zyklus aufgezeichnet und gründlich analysiert. Tabellen, Fotos u. a. runden das gelungene Werk ab.

Vladimir Budde
L. Nikolaiczuk
Schachweltmeisterschaft
1984/1985 1. Teil
Karpow - Kasparow
Interzonenturniere
Kandidatenturniere
Titelkampf
300 Seiten
96 Diagramme
7 Fotos
Wie inzwischen zur Tradition geworden, ist auch dem Weltmeisterschaftszyklus 1982/85 wieder ein Band gewidmet, der die gesamten Geschehnisse am Schachbrett und neben dem Schachbrett in faszinierender Lebendigkeit und Ausführlichkeit schildert und vor den Augen der Leser Revue passieren läßt. (Interzonenturniere, Hübners Pech mit der Roulettekugel, der zweite Frühling von Exweltmeister Smyslow, das obskure Ende des WM-Finalkampfes durch die unglaubliche Abbruch-Entscheidung des umstrittenen FIDE-Präsidenten Campomanes, alles wird beleuchtet und kommentiert.

Vladimir Budde
L. Nikolaiczuk
Schachweltmeisterschaft 1985
Karpow - Kasparow
Der zweite Titelkampf
168 Seiten
130 Diagramme
22 Fotos
Der zweite Teil des WM-Buches ist unmittelbar nach dem Ende des 2. Titelkampfes erschienen. Hier wurden die 24 Matchpartien, in denen Kasparow seinen Widersacher Karpow unter größter Anteilnahme der gesamten Weltöffentlichkeit mit 13:11 niedergerungen hat, mit besonderer Ausführlichkeit beschrieben und analysiert. Nicht nur von der Spannung und von der Medienresonanz her war dies wahrlich ein Jahrhundertmatch, auch vom schachlichen und eröffnungstheoretischen Gehalt her hat dieses Match alle Erwartungen vollauf erfüllt. Die Schachwelt hat – wie dieser Band deutlich darlegt – einen würdigen neuen Weltmeister bekommen.

Hrsg. Christiaan M. Bijl
Die gesammelten Partien von Robert J. Fischer
801 Partien
520 Seiten –
274 Diagramme

Das »Fischer-Buch« von Bijl ist in den vergangenen Jahren ein Begriff geworden. Die Presse sprach von 'Einmalig auf der Welt' oder 'Ein beeindruckenswertes Werk'. Dieses monumentale Werk erscheint nun bereits in zweiter Auflage. Chr. Bijl hat für die Neuausgabe noch weitere 50 von Fischer bis 1977 gespielte Partien aufgefunden. Davon drei Partien, die Fischer gegen einen Computer 1977 spielte. Die Partiekommentare stammen u. a. von Timman, Sosonko und Spassky. Dieses Buch ist das umfangreichste Werk über den legendären Schachweltmeister 'Bobby' Robert J. Fischer. Eine Studie über das Leben eines Schachgenies.

Paul Keres
Ausgewählte Partien 1931-1958
Zugleich ein Lehrbuch des praktischen Schachs
420 Seiten
287 Diagramme

Dieser denkwürdige Band ist wohl mit die bedeutendste und berühmteste Partiensammlung, die man in der Schachwelt kennt. Paul Keres hat hierin seine eigenen Partien mit wissenschaftlicher Genauigkeit und psychologischem Feingefühl kommentiert und analysiert. Keres galt lange als 'Ungekrönter Weltmeister' und die Schachwelt hätte dem sympathischen Esten sicher den WM-Titel gegönnt. Aber auch ohne die Weltmeisterwürde zählt man Keres gewiß zu Recht zu den genialsten Schachmeistern aller Zeiten. Sein Tod 1975 kam für alle unerwartet noch inmitten größter schachlicher Aktivität. In diesem Buch lebt er als Spielerpersönlichkeit von Weltrang fort.

Helmut Wieteck
50 mal Matt im 20. Zug
Ein Schachlesebuch
112 Seiten
200 Diagramme

Mit diesem Schachlesebuch wendet sich der Autor vor allem an den großen Kreis derjenigen Schachfreunde, die als Amateur- und Hobby-Spieler im Schach eine vergnügliche Freizeitbeschäftigung erblicken. Selbst dann, wenn man auf Reisen oder im Urlaub einmal nicht gerade ein Schachbrett in Reichweite hat, kann man mit Hilfe dieses Buches amüsante und inhaltsreiche Kurzpartien nachvollziehen. Nach je fünf Zügen unterstützt nämlich ein Stellungsbild das Gedächtnis, sodaß die jeweilige Position einem immer wieder in Erinnerung gerufen wird. Kurzweilig plaudert der Autor, der als langjähriger Schachpublizist sein Metier bestens beherrscht, über die Schachgiganten aus Vergangenheit und Gegenwart und über ihre Partien.

Willem D. Hajenius
Garri Kasparow Sein Weg zum Erfolg
218 Seiten
401 Diagramme

Garri Kasparow erregt in der Schachwelt großes Aufsehen. Seine Partien verblüffen immer wieder durch ihr Feuer und ihren Glanz, ebenso wie durch unwahrscheinlich wirkende Züge. Der Kampfgeist und das Kombinationstalent des jungen Gipfelstürmers unter den Großmeistern sind beispielhaft. Dieses Buch verzeichnet alle seine wichtigen Partien der Jahre 1976-1982. Auf eine Analyse der Partien wurde verzichtet. Der Nachspielende kann und muß daher selbst versuchen, die Möglichkeiten und Varianten, die in den Partien verborgen sind aufzuspüren. Wer Kasparow in seiner schachlichen Gesamtentwicklung studieren möchte, wird um dieses Buch sicherlich nicht herumkommen.

DAS GROSSE BUCH DER SCHACHENDSPIELE

ca. 600 Seiten – 471 Diagramme – Sachbuchformat

Das gesamte Endspielwissen, das unsere Autoren auf ihrem jeweiligen Spezialgebiet zusammengetragen haben, wird dem Schachfreund jetzt in einem Sammelband angeboten, der auf den Bänden 14, 15, 19, 21 und 22 der Kleinen Schachbücherei aufbaut.

Lothar Nikolaiczuk
» Keine Angst vor Endspielen «

Vladimir Budde
» Vom Mittelspiel zum Endspiel «

Vladimir Budde
» Zur Praxis der Turmendspiele «

Lothar Nikolaiczuk
» Bauernendspiele «

Vladimir Budde / Jerzy Konikowski
» Moderne Endspieltechnik «

Für den ambitionierten Schachfreund wird dieses Buch zum unentbehrlichen Kompendium des modernen Endspielwissens.

DIE GROSSE SERIE DER SCHACH-TESTBÜCHER

Jeder Schachfreund ist nicht nur bestrebt, seine persönliche Spielstärke zu steigern, sondern er hegt auch immer wieder den Wunsch, sein individuelles Können zu erproben, zu messen, zu testen. Zwar wird die praktische Erprobung im Spiel und im Wettkampf für viele den größten Anreiz bieten, doch besteht daneben das Bedürfnis, Schachtests in privater Atmosphäre unter selbstgewählten Bedingungen durchzuführen – frei von Wettkampfstreß, Hektik, Lärm und störenden Fremdeinflüßen. Diesem Anliegen vieler Schachfreunde wurde bislang in der Schachliteratur nur selten Rechnung getragen.

Die Autoren des Beyer-Verlags haben mittlerweile eine Serie von Testbüchern in ihr Programm genommen, die in regelmäßiger Folge erscheinen und allen Partiephasen gleichermaßen Beachtung schenken wird. Der Aufbau und die Gestaltung wird sich weitgehend an den Band: **»Testbuch der Schachtaktik«** anlehnen. Übersichtliche, große Diagramme sollen den Leser in die Lage versetzen, die Diagrammaufgaben auch ohne Spielbrett zu bewältigen. Die Aufgabenbesprechungen sind umfassend und leicht verständlich geschrieben und sollen dem Schachfreund in prägnanter Form die wesentlichen Elemente der Diagrammstellungen verdeutlichen. Jeder kann auf diese Weise ohne größere Schwierigkeiten ergründen, wie es um sein schachliches Können bestellt ist, auf welchen Gebieten er besonders gute Kenntnisse besitzt und auf welchem Sektor er vielleicht noch dazulernen kann.

1986 erschienen: »Testbuch der Endspieltaktik«

In Bälde sollen noch folgende Titel vorliegen:

» Testbuch der Schachstrategie « und
» Testbuch der Schachtaktik (II) «

Hrsg. IGM György Baksci

Ungarische Schachproblemanthologie

352 Seiten

760 Diagramme

Dieses umfangreiche Werk schließt an eine Anthologie an, die bereits 1939 erschienen ist. Es beinhaltet Problemstellungen, die nach diesem Datum entstanden sind, bzw. nach diesem Termin veröffentlicht wurden. Nach einem geschichtlichen Abriß folgen Turniertabellen, Kurzbiographien der Komponisten und über 500 Problemaufgaben vom 2-Züger bis zum 27-Züger. Ein Lösungsteil beschließt dieses außergewöhnliche Werk. Dem Experten, der über die entsprechenden Vorkenntnisse verfügt, werden in diesem Buch gewiß viele wichtige und neue Erkenntnisse auf seinem Fachgebiet vermittelt.

Manfred van Fondern

II. Internationale Deutsche Schacheinzelmeisterschaft

Dortmund 1973

Offizielles Turnierbuch des Deutschen Schachbundes / Einleitung von Großmeister H.-J. Hecht

168 Seiten – 40 Diagramme – 34 Fotos

Auf 168 Seiten legt der Autor ein äußerst lebendig gestaltetes Turnierbuch vor, das genau die richtige Mischung von kommentierten Partien, Fotos, Tabellen und eröffnungstheoretischen Betrachtungen bietet, um niemals langweilig zu werden. Für die Qualität der Kommentare bürgen die teilnehmenden Meister und Großmeister selbst, die selbstverständlich am besten über ihre eigenen Partien und Varianten zu urteilen und zu berichten vermögen.

Borik/v. Fondern/Malleé/Nehmert

Das große Buch der Schacheröffnungen

Theorie und Praxis für Anfänger und Fortgeschrittene

2. verbesserte Auflage

420 Seiten

180 Diagramme

All das zusammengetragene Wissen der Bände 5, 6 und 7 der „Kleinen Schachbücherei" bietet dieser repräsentative Glanzleinenband auf einen Blick. Bei dem großen Umfang und der vorbildlichen Ausstattung ist dieses Werk ein ideales Geschenk für all diejenigen Spieler, deren Interesse am Schachspiel mehr als nur oberflächlichen Charakter besitzt. Das Buch hat sich als ein unverzichtbares Nachschlagewerk für alle Schachfreunde erwiesen, die sich auf dem großen Feld der Eröffnungstheorie ein über die Grundkenntnisse deutlich hinausgehendes, fundiertes Wissen aneignen möchten.

Karl - Heinz Demuth

Jerzy Konikowski

Die Tarrasch-Verteidigung im Damengambit

ca. 200 Seiten – zahlreiche Diagramme

Format: DIN A5

Die Tarrasch-Verteidigung ist momentan eine sehr beliebte Variante bei Schachspielern jeden Spielstärkeniveaus bis hinauf zur Weltmeisterschaftsebene. Der Verlag will mit diesem Buch all denjenigen Spielern einen Leitfaden an die Hand geben, die sich tiefer in die Geheimnisse dieser Eröffnung einarbeiten möchten. Die Autoren haben das gesamte verfügbare Material mit größter Sorgfalt und Akribie gesichtet, nach objektiven Maßstäben beurteilt und ausgewählt, was davon wichtig und bedeutsam ist.

Durch die in dem Buch verwendete internationale Symbolnotation wird das Werk auch den Schachfreunden außerhalb des deutschen Sprachbereichs zugänglich sein.

Dieser Band leitet eine qualitativ besonders hochwertige und anspruchsvolle Eröffnungsreihe ein, die auch hohen Ansprüchen voll genügen wird.

Kleine Schachbücherei
Band 1
Manfred van Fondern
Tips für Anfänger
6. Auflage
112 Seiten
35 Diagramme
Ein sinnvoll gegliederter Aufbaukurs für Anfänger, der dem Lernenden Schritt für Schritt Spielregeln und schachliche Grundprinzipien nahebringt, den Blick für die Besonderheiten einer Stellung schärft und vielfältige Hinweise für die Führung einer Schachpartie bietet.

Kleine Schachbücherei
Band 2
Manfred van Fondern
Tips für Fortgeschrittene
4. Auflage
104 Seiten
60 Diagramme
Die konsequente Fortsetzung der »Tips für Anfänger« bietet erste Einblicke in das Schaffen der Schachmeister, sowie in die wesentlichsten Eröffnungssysteme, die anhand von anschaulichen Partiebeispielen beleuchtet und transparent gemacht werden.

Kleine Schachbücherei
Band 4
M. van Fondern/H.-J. Hecht
Meisterpartien 1960-1975
3. Auflage
140 Seiten
31 Diagramme
36 exzellente Schachpartien, die wegen ihrer unübertrefflichen Brillanz um die Welt gingen, werden in diesem Bändchen vorgestellt und allgemeinverständlich kommentiert. Jede Partie wird mit Informationen über Wann und Wo des Geschehens eingeleitet und die Akteure werden dem Leser näher vorgestellt.

Kleine Schachbücherei
Band 5
M. van Fondern /
Ralph Malleé
Eröffnungen - Offene Spiele
3. Auflage
128 Seiten
48 Diagramme
Im Band „Offene Spiele" befassen sich die Autoren mit allen Eröffnungsvarianten, die nach den einleitenden Zügen 1. e2-e4 e7-e5 denkbar sind. Dabei wird selbstverständlich besonders der Spanischen Partie die ihr gebührende Aufmerksamkeit gewidmet.

Kleine Schachbücherei
Band 6
IM Otto Borik
Eröffnungen - Halboffene Spiele
3. Auflage
144 Seiten
26 Diagramme
Der Autor dieses Bandes, Internationaler Meister und mehrmals Mitglied des Nationalteams bei der Schach-Olympiade gilt als exzellenter Eröffnungskenner. Sein Material hat er überaus sachkundig auszuwählen, gut zu präsentieren und anschaulich zu erläutern gewußt.

Kleine Schachbücherei
Band 7
M. van Fondern /
U. Nehmert
Eröffnungen - Geschlossene Spiele
3. Auflage
152 Seiten
28 Diagramme
Abgerundet wird die dreibändige Eröffnungsreihe mit dem Band „Geschlossene Spiele". Nebem dem klassischen Damengambit kommen hierbei auch andere Spielanfänge wie z. B. Englisch (1. c4) zu ihrem Recht und werden praxisnah behandelt und ausführlich analysiert.

Kleine Schachbücherei
Band 9
IGM Hans – Joachim Hecht
Schach- und Turniertaktik
2. Auflage

Großmeister Hecht hat die besondere Begabung selbst die schwierigsten Zusammenhänge anschaulich und verständlich zu erläutern. Daher rührt der immense Erfolg, den er mit diesem Buch hat. Hier kann man dem Großmeister beim praktischen Spiel quasi über die Schulter schauen, viel lernen und für die eigene Spielpraxis profitieren.

Kleine Schachbücherei
Band 10
Manfred van Fondern
Roman Dzindzichashvili: Sein Aufstieg zur Weltspitze
116 Seiten
47 Diagramme
2 Fotos

Dem deutschen Publikum ist der Globetrotter in Sachen Schach, Großmeister Roman Dzindzichashivili durch ein zeitlich begrenztes, aber furioses Gastspiel in der Bundesrepublik im Jahre 1979 sicherlich noch in Erinnerung. Ausgewählte Partien machen seinen kampfbetonten Stil deutlich.

Kleine Schachbücherei
Band 11/12
M. van Fondern/
Peter Kleine
Dr. Robert Hübner
60 seiner schönsten Partien
2. verbesserte Auflage
176 Seiten – 27 Diagramme

Dr. Robert Hübner, seit vielen Jahren in der absoluten Weltspitze angesiedelt und die unbestrittene Nummer eins des deutschen Schachs, wird in diesem Band anhand von Partien und Lebensdaten vorgestellt. Der fesselnde Report einer großen Schachkarriere.

Kleine Schachbücherei
Band 13
V. Budde/E. Carl/P. Kleine
Perlen der Schachspielkunst
108 Seiten – 57 Diagramme

60 der größten Schachmeister aller Zeiten –
von Philidor bis Karpow –
werden in 60 Partien vorgestellt.
Das schönste Schach, das je gespielt wurde.
Ein prächtiges Buch zum Nachspielen gehaltvoller und ideenreicher Partien.

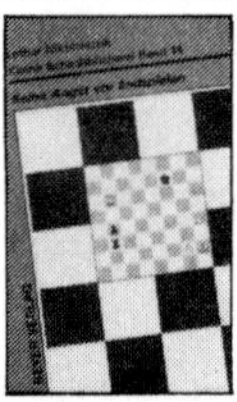

Kleine Schachbücherei
Band 14
Lothar Nikolaiczuk
Keine Angst vor Endspielen
128 Seiten – 92 Diagramme

Mit großem pädagogischen Einfühlungsvermögen will der Autor dem Schachfreund mit diesem Buch die Endspielangst nehmen, von der viele Lernende heimgesucht sind. Im Vordergrund steht die Verknüpfung des Endspiels mit der Mittelspielphase.

Kleine Schachbücherei
Band 15
Vladimir Budde
Vom Mittel- zum Endspiel
124 Seiten – 31 Diagramme

Wann ist ein Abtausch von Figuren stellungsgemäß? Diese Frage steht im Zentrum dieser Betrachtung. Wie bereits im Band 14 wird auch hier die Beziehung von Mittelspiel und Endspiel zueinander erörtert und an praktischen Stellungen beispielhaft und für jedermann verständlich dargestellt. Ein Buch mit großem praktischen Nutzen.

Kleine Schachbücherei
Band 16
Bernd Feustel
Kleines Blitzschachbrevier
164 Seiten
108 Diagramme
5 Fotos
zahlreiche Tabellen
Das Blitzschach – beliebt bei allen Schachfreunden – wird erstmals in diesem Buch in seiner Eigenständigkeit und Eigengesetzlichkeit behandelt und dargestellt. Dieser Ratgeber behandelt praktische und theoretische Fragen gleichermaßen gründlich und fundiert.

Kleine Schachbücherei
Band 17
Erich Carl
Paul Keres
Ausgewählte Partien
1959-1974
und Versuch einer Biographie
170 Seiten
36 Diagramme
Großmeister Paul Keres, einer der erfolgreichsten Schachmeister aller Zeiten, gab selbst seine besten Partien von 1931 bis 1958 heraus. Die vorliegende Sammlung schließt unmittelbar daran an und bringt Partien von 1959 bis zu seinem Tode im Jahre 1975.

Kleine Schachbücherei
Band 18
Günter Lossa
200 Schachrätsel
Kapriolen auf dem Schachbrett
152 Seiten
150 Diagramme
3 Fotos
Schachrätsel sind Schachprobleme mit betontem Rätselcharakter, die sich durch Originaität und Humor in der Aufgabe, durch Witz, Pikanterie, überraschende Schlüsselzüge und ausgefallene Mattbilder auszeichnen. Vor allem dem Rätselonkel Giegold wird hier im Buch ein Denkmal gesetzt.

Kleine Schachbücherei
Band 19
Vladimir Budde
Zur Praxis der Turmendspiele
120 Seiten
101 Diagramme
Die gesammelten Erfahrungen der Praxis lassen erkennen, daß gerade im Turmendspiel häufig Fehleinschätzungen vorkommen. In diesem Buch werden in zehn Lektionen Bausteine zum besseren Verständnis der Turmendspiele vorgestellt.

Kleine Schachbücherei
Band 20
Vladimir Budde
Garri Kasparow
232 Seiten
67 Diagramme
Garri Kasparow zählt bereits in jungen Jahren zu den stärksten Angriffsspielern in der Schachgeschichte (nur vergleichbar mit Bobby Fischer und Tal). 41 kommentierte Partien geben einen repräsentativen Querschnitt über sein schachschöpferisches Werk bis Anfang 1985.

Kleine Schachbücherei
Band 21
Bauernendspiele
Prinzipien und Motive
152 Seiten
167 Diagramme
Die Prinzipien und Methoden des Bauernendspiels sind für jeden Schachspieler ein unentbehrliches Rüstzeug, denn dieser Endspieltyp kommt in der Praxis häufig vor. Dieser Leitfaden kann dazu verhelfen, Fehler und Fehleinschätzungen im Bauernendspiel zu vermeiden.

Kleine Schachbücherei Band 22
Vladimir Budde / Jerzy Konikowski
Moderne Endspieltechnik
158 Seiten
80 Diagramme

Nachdem Vladimir Budde im Band 15 »Vom Mittelspiel ins Endspiel« die Voraussetzungen aufgezeigt hat, wann und wie man ins Endspiel abwickeln soll, vermittelt er hier zusammen mit seinem Co-Autor Jerzy Konikowski Endspielerfahrungen aus der aktuellen Großmeisterpraxis.

Verzeichnis lieferbarer Schachbücher

Dieses nahezu vollständige Verzeichnis der deutschsprachigen Schachliteratur ist für unsere Kunden erstellt worden und kann kostenlos vom Verlag bezogen werden.

FIDE- Meister Vladimir Budde
Schachweltmeister Garri Kasparow
Eine Biographie mit den wichtigsten Partien
196 Seiten – 43 Fotos
104 Diagramme – 9 Tabellen

Dieses Buch ist Garri Kasparow gewidmet, dem jüngsten Weltmeister der Schachgeschichte. Mit nur 22 Jahren hat er den Schachthron erklommen und ist damit als 13. Schachweltmeister in die Annalen der Geschichte eingegangen. Unmittelbar nach Beendigung des WM-Matchkampfes im November 1985 hat Vladimir Budde, der den Werdegang Kasparows von frühester Jugend an verfolgt hat, dieses Buch vollendet. Kasparows Lebensbiographie geht einher mit der Darstellung seines schachlichen Heranreifens. Wichtige Stationen, wie etwas der Gewinn der Juniorenweltmeisterschaft in Dortmund oder die ersten Erfolge bei den Landesmeisterschaften der UdSSR werden aufgezeigt, ebenso wie das Kräftemessen mit den Großmeistern der Weltelite.
Kasparow hat durch seine Ausstrahlung, seine sportlich-kämpferische Spielweise und mit seinem souverän-freundlichen Auftreten dazu beigetragen, daß der Schachsport wieder in aller Welt einen enormen Zuwachs an Popularität aufweisen kann und in den Medien größte Resonanz findet.
Kasparow ist ein Idol, wie es die Schachfreunde zuvor allenfalls in Bobby Fischer erblickten.

Hrsg. Manfred van Fondern

Lexikon für Schachfreunde

Die Welt des Schachs von A - Z
in 1400 Stichwörtern
und 300 Abbildungen
352 Seiten gebunden

Unter Mitarbeit zahlreicher Experten des In- und Auslands wurde hier ein Nachschlagewerk geschaffen, das umfassend, prägnant und vollständig Auskunft gibt über alle wichtigen Sachgebiete und Bereiche des Schachs. Neben den Lebensdaten aller Schachkoryphäen finden sich auch die Partien, Studien und Probleme, durch welche diese Meister in die Schachgeschichte eingegangen sind. Auch Bereiche, die in anderen Büchern oftmals unter den Tisch fallen oder nur beiläufig Erwähnung finden, sind hier mit großer Sorgfalt und Sachkenntnis zusammengetragen. Beiträge über ihre jeweiligen Fachgebiete haben sachkundige Experten wie K.-H. Glenz (über die Ingo- und ELO-Zahlen zur Spielstärkebewertung), Dr. Meissenburg (über Schachgeschichte), Dr. Murkisch (über Problemschach) u. v. a. beigesteuert. Die ganze Vielfalt des Schachlebens in Vergangenheit und Gegenwart findet ihren Ausdruck in diesem Lexikon, das kaum eine Antwort schuldig bleibt. Die Gestaltung ist ausgesprochen leserfreundlich, die einfühlsame Bebilderung gibt dem Buch seine besondere Note. Vom Informationsgehalt her gesehen kann man sich ein Buch vielseitiger und besser kaum noch vorstellen.

Wer sich als Schachfreund nicht nur zum Sklaven von Eröffnungsvarianten machen will und im Turniererfolg nicht den einzigen Zweck seines Sportes erblickt, dem ist dieses Buch ganz bestimmt anzuempfehlen.